普通高等教育"十一五"国家级规划教材

博雅对外汉语精品教材
短期强化口语教材系列

汉语口语速成

基础篇 上册

Elementary (Volume 1)

SHORT-TERM SPOKEN CHINESE

第三版 3rd Edition

马箭飞 主编
李德钧 成 文 编著

北京大学出版社
PEKING UNIVERSITY PRESS

图书在版编目 (CIP) 数据

汉语口语速成.基础篇.上册 / 马箭飞主编；李德钧，成文编著.—3 版.—北京：北京大学出版社，2015.11
（博雅对外汉语精品教材）
ISBN 978-7-301-26080-7

Ⅰ.①汉… Ⅱ.①马…②李…③成… Ⅲ.①汉语—口语—对外汉语教学—教材 Ⅳ.① H195.4

中国版本图书馆 CIP 数据核字 (2015) 第 167768 号

书　　　名	汉语口语速成·基础篇（第三版）（上册）	
	HANYU KOUYU SUCHENG·JICHU PIAN (DI-SAN BAN) (SHANG CE)	
著作责任者	马箭飞 主编　李德钧　成文 编著	
策　　　划	王　飙	
责 任 编 辑	孙　娴	
绘　　　图	潘弋妮	
标 准 书 号	ISBN 978-7-301-26080-7	
出 版 发 行	北京大学出版社	
地　　　址	北京市海淀区成府路 205 号　　100871	
网　　　址	http://www. pup. cn　　新浪微博：@ 北京大学出版社	
电 子 信 箱	zpup@ pup. cn	
电　　　话	邮购部 62752015　发行部 62750672　编辑部 62753027	
印 刷 者	北京大学印刷厂	
经 销 者	新华书店	
	787 毫米 ×1092 毫米　16 开本　9.25 印张　195 千字	
	2000 年 5 月第 1 版	
	2015 年 11 月第 3 版　2016 年 9 月第 2 次印刷	
定　　　价	28.00 元（附赠录音光盘 1 张）	

第三版出版说明

INTRODUCTION

　　"汉语口语速成"包含《入门篇》(上、下册)、《基础篇》(上、下册)、《提高篇》《中级篇》《高级篇》,是一套使用广泛的短期汉语口语教材。这套教材 1999—2000 年陆续由北京语言大学出版社出版,2005 年修订再版了《入门篇》(上、下册)、《基础篇》《提高篇》和《中级篇》。第三版由北京大学出版社出版。

　　"汉语口语速成"是一套备受欢迎的成熟教材,因此,第三版的修订,主要是修改或更换过时的内容。除此之外,由于《基础篇》篇幅较大,.第三版改为上、下册;第二版没有修订《高级篇》,这次一并修订。

　　欢迎广大师生继续使用这套教材,并积极反馈教学意见,以便我们将来继续打磨这套精品教材。

北京大学出版社

汉语及语言学编辑部

2015 年 6 月

前 言

"汉语口语速成"是为短期来华留学生编写的，以培养学生口语交际技能为主的一套系列课本。全套课本共分 7 册，分别适应具有"汉语水平等级标准"初、中、高三级五个水平的留学生的短期学习需求。

编写这样一套系列课本主要基于以下几点考虑：

1. 短期来华留学生具有多水平、多等级的特点，仅仅按初、中、高三个程度编写教材不能完全满足学生的学习需求和短期教学的需求，细化教学内容、细分教材等级，并且使教材形成纵向系列和横向阶段的有机结合，才能使教材具有更强的适应性和针对性。

2. 短期教学的短期特点和时间上高度集中的特点，要求我们在教学上要有所侧重，在内容上要有所取舍，不必面面俱到，所以短期教学的重点并不是语言知识的系统把握和全面了解，而是要注重听说交际技能的训练。这套课本就是围绕这一目的进行编写的。

3. 短期教学要充分考虑到教学的实用性和时效性，要优选与学生日常生活、学习、交际等方面的活动有直接联系的话题、功能和语言要素进行教学，并且要尽量使学生在每一个单位教学时间里都能及时地看到自己的学习效果。因此，我们试图吸收任务教学法的一些经验，力求每一课内容都能让学生掌握并应用一项或几项交际项目，学会交际中所应使用的基本话语和规则，从而顺利地完成交际活动。

4. 教材应当把教师在教学中的一些好经验、好方法充分体现出来。在提供一系列学习和操练内容的同时，还应当在教学思路、教学技巧上给使用者以启示。参与这套教材编写的人员都是有多年教学经验，并且在教学上有所创新的青年教师，他们中有多人都曾获得过校内外的多个教学奖项。我们希望这套教材能够反映他们在课堂教学上的一些想法，与同行进行交流。

5. 编写本套教材时，我们力求在语料选取、练习形式等方面有所突破。尽量选取并加工真实语料，增加交际性练习内容，使用图片、实物图示等手段丰富教材信息，增加交际实感，体现真实、生动、活泼的特点。

"汉语口语速成"系列课本包括《入门篇》(上、下册)、《基础篇》(上、下册)、《提高篇》《中级篇》《高级篇》7 本。

1. 入门篇（上、下册）

适合零起点和初学者学习。两册共 30 课，1—5 课为语音部分，自成系统，供使用者选用。6—30 课为主课文，涉及词汇语法大纲中最常用的词汇、句型和日常生活、学习等交际活动中最基本的交际项目。

2. 基础篇（上、下册）

适合具有初步听说能力，掌握汉语简单句型和 800 个左右词汇的学习者学习。两册共 24 课，涉及大纲中以乙级词汇为主的常用词、汉语特殊句式、复句以及日常生活、学习、社交等交际活动的简单交际项目。

3. 提高篇

适合具有基本的听说能力，掌握汉语一般句式和主要复句、特殊句式及 1500 个词汇的学习者学习。共 24 课（含 4 课复习），涉及以重点词汇为主的乙级和丙级语法内容和词汇；涉及生活、学习、社交、工作等交际活动的一般性交际项目。

4. 中级篇

适合具有一般的听说能力，掌握 2500 个以上汉语词汇以及一般性汉语语法内容的学习者学习。共 14 课，涉及以口语特殊格式、具有篇章功能的特殊词汇为主的丙级与丁级语法和词汇以及基本的汉语语篇框架；涉及生活、学习、工作、社会文化等方面较复杂的交际项目。

5. 高级篇

适合具有较好的听说能力，掌握 3500 个以上汉语词汇，在语言表达的流利程度、得体性、复杂程度等方面具有初步水平的学习者学习。共 20 课，涉及大纲中丁级语法项目和社会文化、专业工作等内容的复杂交际项目，注重训练学习者综合表达自己的态度见解和分析评判事情的能力。

"汉语口语速成"系列课本适合以 6 周及 6 周以下为教学周期的各等级短期班的教学使用，同时也可以作为一般进修教学的口语技能课教材和自学教材使用。

编者

简 称 表

ABBREVIATIONS

名词	míngcí	名	noun
动词	dòngcí	动	verb
助动词	zhùdòngcí	助动	auxiliary verb
形容词	xíngróngcí	形	adjective
代词	dàicí	代	pronoun
数词	shùcí	数	numeral
量词	liàngcí	量	measure word
数量词	shùliàngcí	数量	quantifier
副词	fùcí	副	adverb
连词	liáncí	连	conjunction
介词	jiècí	介	preposition
助词	zhùcí	助	particle
叹词	tàncí	叹	interjection
专有名词	zhuānyǒu míngcí	专名	proper noun

目 录

CONTENTS

第 1 课　认识一下

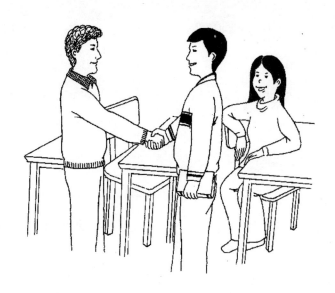

 生词 NEW WORDS

1	猜	cāi	动	to guess
2	一定	yídìng	副/形	surely; regular
3	聪明	cōngming	形	clever
4	越来越	yuè lái yuè		more and more
5	希望	xīwàng	动/名	to hope; hope
6	做	zuò	动	to be, to become
7	翻译	fānyì	名	interpretor
8	公司	gōngsī	名	company
9	派	pài	动	to send
10	先	xiān	副	first
11	然后	ránhòu	连	then

12	发音	fāyīn	名/动	pronunciation; to pronounce
13	关照	guānzhào	动	to take care of
14	同屋	tóngwū	名/动	roommate; to live in the same
15	一边… 一边…	yìbiān···yìbiān···		at the same time
16	京剧	jīngjù	名	Beijing opera
17	从来	cónglái	副	always, all along
18	段	duàn	量	*a measure word for speech, time, etc.*
19	职员	zhíyuán	名	office clerk
20	华裔	huáyì	名	ethnic Chinese
21	特别	tèbié	副/形	specially; special
22	为了	wèile	介	in order to

● 专名

1	飞龙	Fēilóng	*name of a person*
2	李钟文	Lǐ Zhōngwén	*name of a person*
3	韩国	Hánguó	the Republic of Korea
4	法国	Fǎguó	France
5	望月智子	Wàngyuè Zhìzǐ	*name of a person*
6	爱珍	Àizhēn	*name of a person*
7	美国	Měiguó	U.S.A.
8	日本	Rìběn	Japan
9	印度尼西亚	Yìndùníxīyà	Indonesia
10	林福民	Lín Fúmín	*name of a person*

课文 TEXTS

1 飞　龙：你好！你叫什么名字？

李钟文：我叫李钟文。

飞　龙：你好，李钟文！我猜你一定是韩国人。

李钟文：你真聪明！你呢？

飞　龙：我叫飞龙，法国人，是大学生。

李钟文：你为什么来学汉语？

飞　龙：去法国的中国人越来越多，[1]我希望以后做汉语翻译。你呢？

李钟文：是公司派我来学习的。[2]我要先在这儿学习半年，然后在中国工作。[3]

2 望　月：我叫望月智子，我的发音不太好，请多多关照。

爱　珍：我的中文名字叫爱珍，我是从美国来的。很高兴跟你同屋。

望　月：我也很高兴。不过我不会说英语。

爱　珍：没关系。这样更好，咱们只能说汉语。

望　月：希望我的发音越来越好。

爱　珍：这个暑假，我要一边学汉语，一边学京剧。[4]

望　月：你会唱京剧？我从来没听过京剧，你现在能唱一段吗？

爱　珍：现在不行，一个月以后吧。到时候我一定唱给你听。

3　　望月他们班一共有 16 个学生，有日本人、韩国人、美国人、法国人，还有印度尼西亚人。

　　韩国学生李钟文是公司职员，以前在韩国学过一点儿汉语，他觉得汉语一点儿也不难。[5]公司让他明年在北京工作。

　　印度尼西亚学生林福民一天汉语班也没上过，可是他是华裔，他的爸爸妈妈在家里都说汉语，所以他的口语特别好。

　　美国学生爱珍学汉语是为了学京剧。[6]法国学生飞龙是为了以后做汉语翻译。

注释 NOTES

1 去法国的中国人越来越多，……

"越来越"表示程度随时间的推移而发展。例如：

"越来越" indicates that the degree becomes higher and higher as time passes, e g.,

① 天气越来越凉快。
② 他说汉语说得越来越流利。
③ 有的东西越来越便宜，而有的东西越来越贵。

2 是公司派我来学习的。

"是……的"强调说明做某件事的时间、地点、方式或人（团体）。被强调的必须是已经发生的事情。例如：

"是……的" emphasizes the time, the place, the way of doing something, or the agent who does it. What is emphasized must be something that has already taken place, e.g.,

① 他是今年3月到北京的。（强调时间）
② 这本书是在外文书店买的。（强调地点）
③ 教室里的灯不是田中开的，（是）飞龙开的。（强调做动作的人）

3 我要先在这儿学习半年，然后在中国工作。

汉语里常用关联副词"先"和连词"然后"前后呼应，来表示两件事情的顺序。前边一个分句表示先做或先发生的事，后一个分句表示后做或后发生的事。例如：

In Chinese, the adverb "先" is often used before the conjunction "然后", to indicate the sequence of two events, The first clause expresses the action that has been done first or the event that has taken place first. The second clause expresses the action that has been done or the event that has taken place after it, e.g.,

> ① 昨天我们先参观了天安门、故宫，然后又去了景山、北海。
> ② 咱们先去喝点儿咖啡，然后再回宿舍，好吗？

💬 **注意**：后一小句有主语时，"然后"一般要放在主语的前边。例如：

NB: When there is a subject in the second clause, "然后" should go before the subject, e.g.,

> ③ 你先看，然后我再看。

4 我要一边学汉语，一边学京剧。

"一边……，一边……"表示在同一时间内进行两个或两个以上的动作。例如：

In Chinese, two "一边" are often used in conjunction to indicate doing two or more actions at the same time, e.g.,

> ① 妈妈一边做饭，一边跟客人聊天儿。
> ② 飞龙一边弹吉他，一边唱歌。

💬 **注意**：句子中的动词必须是可以自主的动作，因此"他一边受表扬，一边脸红了"这样的句子是错误的。

NB: The verbs used in these sentences must be actions that are initiated by the agent himself. It's wrong to say "他一边受表扬，一边脸红了".

5 他觉得汉语一点儿也不难。

"一……也 / 都 + 不 / 没……" 用来强调对某种动作、行为或某种性质的否定。数词 "一" 后是量词或 "量词 + 名词"，也可以是动量词。"一" 前有时可以用介词 "连"。例如：

"一……也 / 都 + 不 / 没……" is used to emphasize negation of an action, behavior, or quality. A measure word, "measure word + noun", or a verbal measure word is used after the numeral "一". Sometimes the preposition "连" is used before "一", e.g.,

① 马克来中国以前没学过汉语，一个汉字也 / 都不认识。
② 西安我一次也 / 都没去过。
③ 这两天他一点儿东西也 / 都没吃。
④ 这些书我连一本都没看完。

6 美国学生爱珍学汉语是为了学京剧。

"为了" 常用在前一分句的开始表示目的，后一分句表示为达到这一目的而采取的行动。例如：

"为了" is often used in the first clause of a compound sentence to indicate the aim, the second clause indicates the action taken to achieve the aim, e.g.,

① 为了让女儿专心工作，老人每天去女儿家里帮助做家务。
② 为了学汉语，很多外国人来到中国。

有时也可以先说所采取的行动，再用 "是为了" 引出这一行动的目的。例如：
Sometimes the action that is taken can be put before its aim introduced by "是为了", e.g.,

③ 她不吃肉是为了减肥。
④ 复习是为了记住学过的东西。

练习 EXERCISES

一、选两个合适的词语，用"先……，然后……"造句 Choose two suitable words, then make a sentence using "先……，然后……"

例 Example

上课   去看京剧

⇨ 明天我先去上课，然后去看京剧。

复习	预习	听写
喝酒	吃饭	学新课
买火车票	想好去哪儿	去邮局寄信
去商店买东西	出去办点儿事	跟朋友一起吃饭

二、用"一边……，一边……"改写句子 Rewrite the following sentences using "一边……，一边……"

1. 林福民练习写汉字的时候听音乐。

⇨ _____

2. 主人去开门，问："谁呀？"

⇨ _____

3. 望月打扫房间的时候唱歌。

⇨ _____

4. 爸爸喜欢看着电视吃饭。

⇨ _____

5. 出租车（chūzūchē, taxi）司机（sījī, driver）开车的时候常常跟客人说话。

⇨ _____

📫 三、用"是……的"介绍这组画　Describe the following pictures using "是……
　　的"

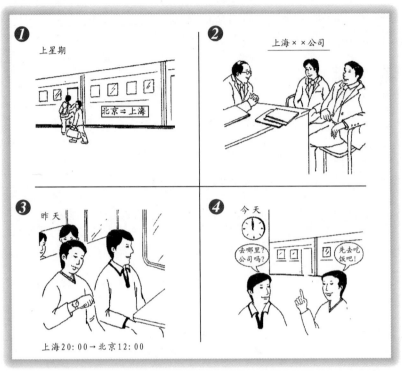

📫 四、下边这段话也是介绍上面这组画的，请完成　Complete the paragraph
describing the pictures above

　　　　为了＿＿＿＿＿＿，上个星期小张和小李去上海了。今天中午他们
回到北京。下了火车，两个人都饿了。他们一边＿＿＿＿＿＿，一边
＿＿＿＿＿。他们想先＿＿＿＿＿，然后＿＿＿＿＿。

📫 五、用"一……都／也＋不／没……"对话　Complete each dialogue
using "一……都／也＋不／没……"

1. A：你喜欢听中国歌吗？

　　B：喜欢，可是歌词（gēcí, lyrics）＿＿＿＿＿＿＿＿＿＿。

2. A：昨天你睡得好吗？

　　B：昨天晚上楼上有人开晚会，声音很大，我＿＿＿＿＿＿＿＿。

3. A：今天听写单词，谁的成绩最好？

　　B：大卫 _____，得了 100 分。

4. A：你们国家冬天冷不冷？

　　B：_____，穿一件衬衫一件外套（wàitào，jacket）就可以了。

5. A：昨天开会的时候，校长（xiàozhǎng，president）说了什么？

　　B：他说得太快，_____。

六、用"为了"或"是为了"改写句子 Rewrite the sentences using "为了" or "是为了"

1. 爱珍想唱好京剧，每天很早就起床练习。

⇨ _____。

2. 金美英请假（qǐng jià，to ask for leave）回国，去参加姐姐的婚礼（hūnlǐ，wedding）。

⇨ _____。

3. 奶奶经常自己做衣服，这样可以少花钱。

⇨ _____。

4. 李钟文学会汉语以后要在中国工作。

⇨ _____。

5. 望月每星期给妈妈打一次电话，这样妈妈就不会担心（dānxīn，to worry）了。

⇨ _____。

6. 飞龙想交中国朋友，他努力地练习口语。

⇨ _____。

七、用本课的生词填空　Fill in the blanks with the new words in this lesson

1. 你＿＿＿＿＿＿＿我是哪国人。

2. 学校＿＿＿＿＿＿＿他去美国学习。

3. 他＿＿＿＿＿＿＿能在IBM公司工作。

4. 每天工作＿＿＿＿＿＿＿以后，他都要听会儿音乐。

5. 我＿＿＿＿＿＿＿去买东西，然后回宿舍。

6. 那家公司＿＿＿＿＿＿＿大。

7. 来北京以后，她＿＿＿＿＿＿＿没去看过电影。

8. 他＿＿＿＿＿＿＿不喝咖啡（kāfēi, coffee），他喝茶。

会话 DIALOGUE

完成下列对话（李钟文和班里的同学在一起谈话）　Complete the following dialogue (Li Zhongwen is having a conversation with his classmate)

李　钟　文：你好！我叫李钟文，韩国人。你呢？

李的同学：＿＿＿＿＿＿。＿＿＿＿＿＿很高兴。

李　钟　文：＿＿＿＿＿＿也＿＿＿＿＿＿。你的汉语怎么这么好？在＿＿学的？

李的同学：＿＿＿＿＿＿。你的汉语＿＿＿＿＿＿？

李　钟　文：是在韩国学的，不太好。

李的同学：在这儿学完以后，你打算去哪儿？

李　钟　文：学完以后，我先回国看看家里人，＿＿＿＿＿＿。你呢？

李的同学：我打算先＿＿＿＿＿＿，然后＿＿＿＿＿＿。

李　钟　文：哟，要上课了，＿＿＿＿＿＿再聊（liáo, to chat）吧。

第2课 吃点儿什么

 生词 NEW WORDS

1	饭馆儿	fànguǎnr	名	restaurant
2	好吃	hǎochī	形	delicious
3	便宜	piányi	形	cheap
4	菜单	càidān	名	menu
5	一…就…	yī…jiù…		once
6	头疼	tóu téng		to have a headache
7	点	diǎn	动	to order (dishes)
8	拿手	náshǒu	形	skillful
9	味儿	wèir	名	taste
10	腻	nì	形	oily
11	挺	tǐng	副	quite

12	辣	là	形	spicy
13	越…越…	yuè…yuè…		the more...the more
14	酸	suān	形	sour
15	甜	tián	形	sweet
16	地道	dìdao	形	genuine
17	风味	fēngwèi	名	flavor
18	冰	bīng	名/形	ice; iced
19	果汁	guǒzhī	名	fruit juice
20	流利	liúlì	形	fluent
21	凉快	liángkuai	形	cool
22	环境	huánjìng	名	environment
23	舒适	shūshì	形	comfortable
24	附近	fùjìn	名	vicinity
25	热情	rèqíng	形	warm
26	周到	zhōudào	形	satisfactory
27	味道	wèidao	名	taste
28	确实	quèshí	副	really
29	咸	xián	形	salty

● 菜名

1	水煮牛肉	shuǐ zhǔ niúròu	poached sliced beef in hot chili oil
2	酸辣土豆丝	suān là tǔdòusī	chili and sour potato
3	京酱肉丝	jīngjiàng ròusī	shredded pork in sweet bean sauce
4	糖醋里脊	tángcù lǐji	sweet and sour tenderloin
5	西红柿鸡蛋汤	xīhóngshì jīdàn tāng	tomato and egg soup

● 专名

刘艳   Liú Yàn   *name of a person*

 课文 TEXTS

[1] 刘 艳：这家饭馆儿的饭菜又好吃又便宜。[1]这是菜单，你们喜欢吃什么？

飞 龙：我一看汉语菜单就头疼，[2]老师您先点吧。

刘 艳：行，我先点一个吧。他们这儿有个拿手菜叫水煮牛肉。

飞 龙：味儿怎么样？腻不腻？

刘 艳：挺好吃的，[3]一点儿也不腻，可是有点儿辣。你们吃得了吗？[4]

李钟文：吃得了，我喜欢吃辣的，越辣我越喜欢。[5]

望 月：是吗？那再来个酸辣土豆丝，让你再多吃一点儿。

飞 龙：甜味儿的菜有没有？我喜欢吃甜的。

刘 艳：京酱肉丝是甜味儿的，是地道的北京风味。

李钟文：我吃过一个菜，叫"糖醋里脊"，又甜又酸，你一定喜欢。

[2] 望 月：菜够了，太多了咱们吃不了。再要个西红柿鸡蛋汤怎么样？

飞 龙：好的。咱们喝点儿什么？

李钟文：啤酒！这么热的天，当然要喝冰啤酒了。

刘 艳：我一喝啤酒就头疼、脸红，我和望月喝点儿果汁吧。

李钟文：行，不过，得先喝点儿啤酒，然后再喝果汁。

飞　龙：对，一边喝中国啤酒，一边吃中国菜，一边说中国话，我
们的汉语会越说越流利。

3　　　星期五晚上，李钟文和同学一起去吃晚饭。他们去了学校旁
边的一家饭馆儿。那儿又干净又凉快，环境很舒适。在学校附近
的饭馆儿里，那儿的客人总是最多。留学生都喜欢在那儿吃饭，
有时候去晚了，就没有座位了。

　　　吃完以后，同学们觉得那儿的服务员又热情又周到，菜的味
道也确实不错，就是有一点点咸。[6]大家都说，以后下了课可以经
常去那儿吃饭。

注释 NOTES

1 这家饭馆儿的饭菜又好吃又便宜。

汉语里用"又……又……"来连接并列的动词（动词短语）或形容词（形容词短语），
可用来强调两种情况或特性同时存在。例如：

In Chinese, one uses "又……又……" to link coordinate verbs (verbal phrases) or adjectives
(adjectival phrases) to underline that two situations or characteristics exist simultaneously, e.g.,

① 女儿要去北京上大学了，妈妈心里又高兴又难过。
② 孩子们高兴极了，又唱又跳。
③ 去饭馆儿吃饭都想吃得又好，花钱又少。

2 我一看汉语菜单就头疼。

在"一 + 情况1，就 + 情况2"里，情况1是条件，情况2是紧接着出现的结果。例如：

In the construction "一 + Situation 1，就 + Situation 2", Situation 1 is the condition, whereas Situation 2 is what results directly from it, e.g.,

① 我一喝冰水就会肚子疼。
② 天气一热，我就不想吃饭。

注意：（1）"一"和"就"都是副词，应该放在主语的后边、谓语的前边。上边例子里"头疼"是主谓短语作谓语。

NB: "一" and "就" are both adverbs and should be placed after the subject and before the predicate. In the examples above, "头疼" is subject-predicate constructions used as predicates.

（2）"他一进屋就睡觉了"不是条件复句，"一……就……"只表示两个动作紧接着发生，再比如：

"他一进屋就睡觉了" is not a conditional compound sentence. "一……就……" have indicates one action takes place immediately after another, e.g.,

③ 小王一吃完饭就出去了。
④ 我一到中国就给爸爸妈妈打了一个电话。

3 挺好吃的……

"挺"，副词，"很"的意思，表示程度高，口语常用。后边可以加"的"。例如：

"挺", an adverb, has the same meaning as "很" expressing a high degree. It is often used in spoken Chinese. One can add "的" after it, e.g.,

① 这东西挺好（的），就是有点儿贵。
② 他挺想去（的），可是没有时间。
③ 今天挺凉快（的），咱们可以去打球。

4 你们吃得了吗?

"了"在这里读 liǎo。"动词 + 得了 / 不了"有两个意思:

"了" is pronounced "liǎo". "Verb + 得了 / 不了" has two meanings:

（1）"得了 / 不了"是可能补语,"动词 + 得了 / 不了"表示可能 / 不可能做某事。例如:

"得了" and "不了" are the complements of potential. The construction "verb + 得了 / 不了" indicates it's possible / impossible to do something, e.g.,

> ① 有点儿辣,你吃得了吗?
> ② 爱珍病了,今天上不了课了。
> ③ 我看明天要下雨,颐和园还去得了吗?
> ④ 太长的句子我现在说不了。

（2）"了"表示"完","动词 + 得 / 不 + 了"表示能 / 不能做完某事。例如:

"了" indicates "completion". The construction "verb + 得 / 不 +了" indicates "being able / unable to finish doing something," e.g.,

> ⑤ 太多了咱们吃不了。
> ⑥ 今天的工作有点儿多,我一个人做不了。
> ⑦ 你喝得了这么多啤酒吗?

5 越辣我越喜欢。

"越……越……"表示在程度上后者随前者的加深而加深。例如:

The structure "越……越……" indicates that the latter situation is getting deeper with the former, e.g.,

> ① 雨越下越大了。
> ② 我越想越觉得有意思。
> ③ 大人越批评,孩子越不听话。

6 就是有一点点咸。

"有一点点"比"有（一）点儿"程度更轻。例如：

The degree indicated by "有一点点" is a bit lower than that by "有（一）点儿", e.g.,

> ① 我们的教室很安静，就是有一点点热。
>
> ② 在这儿住不错，就是有一点点远。

"一点点"和"一点儿"的用法与上面类似，"一点点"比"一点儿"所指数量更少。例如：

The case is the same for "一点点" and "一点儿". The approximate number indicated by "一点儿" is much less than that indicated by "一点儿", e g.,

> ③ 再给我一点点时间就够了。
>
> ④ 她只喝了一点点，头就疼了。

练习 **EXERCISES**

➡️ 一、用括号里的词语加上"又……又……"回答问题 Answer the questions with the words in the brackets and "又……又……"

1. A：林福民普通话说得怎么样？

B：＿＿＿＿＿＿＿＿＿＿＿＿＿＿＿＿＿＿＿＿＿＿。

（清楚　流利）

2. A：小王的爱人会做饭吗？

B：＿＿＿＿＿＿＿＿＿＿＿＿＿＿＿＿＿＿＿＿＿＿。

（快　好）

3. A：老张为什么喜欢钓鱼（diào yú, to go fishing）？

B：＿＿＿＿＿＿＿＿＿＿＿＿＿＿＿＿＿＿＿＿＿＿。

（能吃新鲜<xīnxiān, fresh>的鱼　能锻炼身体）

4. A：你中午怎么总是吃方便面（fāngbiànmiàn, instant noodles）？

B：＿＿＿＿＿＿＿＿＿＿＿＿＿＿＿＿＿＿＿＿＿＿。

（省<shěng, to save>时间　省钱）

5. A：李钟文最近怎么样？

B：＿＿＿＿＿＿＿＿＿＿＿＿＿＿＿＿＿＿＿＿＿＿。

（要上班　要学汉语）

➡️ 二、用下边的词语说出合适的句子 Make suitable sentences using the given words

一	到星期天 喝啤酒 生气 有舞会 有人请吃饭	就	去钓鱼 想睡觉 去公园 参加 高兴

三、下边的事情都是小张今天做的，你可以选两件事用"一……就……"连起来。试一试，越多越好　All the following things are done by Xiao Zhang. Connect two of them using "一……就……" to make a sentence, the more sentences, the better

上课	下课	进教室	去图书馆
起床	坐下	去吃饭	吃完饭

四、用"动词 + 得 / 不 + 了"改写句子　Rewrite each sentence using "verb + 得 / 不 + 了"

1. 这么多菜，我吃不完。

➾ _____。

2. 我的汉语水平不高，不能学 C 班的课本。

➾ _____。

3. 我一个人不能拿这么多书。

➾ _____。

4. 你能喝完 10 瓶啤酒吗？

➾ _____。

5. 四川（Sìchuān, *a province in Southwest China*）菜很辣，我不能吃。

➾ _____。

6. 这个箱子不重，我能拿。

➾ _____。

五、用"动词 + 得／不 + 好／完／到……"完成句子 Complete the following sentences using "verb + 得／不 + 好／完／到……"

1. 他说话的声音太小了，我一点儿也 _____。 （听清楚）

2. 王老师说话既慢又清楚，_____。 （听懂）

3. 我把钥匙（yàoshi, key）放在书包里了，可是 _____。

   （找到）

4. 师傅，我明天要骑车去长城，_____？ （修好）

5. 这本书太厚（hòu, thick）了，_____。 （看完）

6. 这件衣服上有很多菜汤，_____？ （洗干净）

六、用"这么"完成句子 Complete the following sentences using "这么"

1. 你说得 _____，我当然听得懂。

2. 你说得 _____，我一点儿也听不懂。

3. 这个东西 _____，我当然拿得了。

4. 这些东西 _____，我拿不了。

5. 他骑车 _____，半个小时一定到不了。

6. 老师给我们的作业 _____，今天晚上一定做不完。

七、用本课的生词填空 Fill in the blanks with the new words in this lesson

1. 这些问题真让人 _____。

2. 家里有 _____ 的东西，妈妈总是先让孩子吃。

3. 在这儿生活一点儿也不 _____，每个月要花很多钱。

4. 他最 _____ 的中国歌是《月亮代表我的心》。

5. 我们学校里有树，有草，有花，_____ 很不错。

6. 这种葡萄酒的 _____ 很特别。

7. 他在北京住了八年了，汉语说得很 _____。

8. 林福民住在学校 ＿＿＿＿＿＿＿＿＿＿＿＿，每天走路来上课。

9. 我们楼里的服务员服务非常 ＿＿＿＿＿＿＿＿＿＿＿。

10. 他 ＿＿＿＿＿＿＿＿＿＿＿不知道，你告诉他吧。

会话 DIALOGUE

➡ 一、完成下列对话（林福民和他的朋友在饭馆儿里） Complete the following dialogue (Lin fumin and his friend in a restaurant)

林 福 民：咱们就在这儿吃吧，这家的饭菜 ＿＿＿＿＿＿＿＿。

林的朋友：行。我 ＿＿＿＿＿＿＿＿，还是你点吧。

林 福 民：这样吧，咱们 ＿＿＿＿＿问问服务员小姐，然后 ＿＿＿＿＿＿＿。

服 务 员：二位，吃点儿什么？

林 福 民：＿＿＿＿＿＿＿拿手菜，好吗？

服 务 员：＿＿＿＿＿＿。请问，辣的 ＿＿＿＿＿＿＿？

林 福 民：＿＿＿＿＿＿。不过，太 ＿＿＿＿＿＿就吃不了啦。

服 务 员：你们来一个 ＿＿＿＿＿＿吧，有一点点 ＿＿＿＿＿＿。

林 福 民：行。有没有不辣的？

服 务 员：＿＿＿＿＿不错，是 ＿＿＿＿＿味儿的，就是 ＿＿＿＿＿＿。

林 福 民：没关系。我爱吃 ＿＿＿＿＿＿。再来一个汤。

服 务 员：＿＿＿＿＿＿？

林 福 民：够了。我们就两个人，＿＿＿＿＿＿。

➡ 二、林福民和他的朋友谈这家饭馆儿和这儿的饭菜 Talk about the restaurant and the dishes here with your friend as if you were Lin Fumin

第 3 课 在校园里

生词 NEW WORDS

1	随便	suíbiàn	形	random
2	转	zhuàn	动	to have a walk
3	顺便	shùnbiàn	副	incidentally
4	熟悉	shúxī	动	to get familiar with
5	校园	xiàoyuán	名	campus
6	原来	yuánlái	副/形	so; original
7	怪不得	guàibude	副	that's why, no wonder
8	印象	yìnxiàng	名	impression
9	安静	ānjìng	形	quiet
10	热闹	rènao	形	bustling
11	操场	cāochǎng	名	playground

12	部分	bùfen	名	part
13	头	tóu	名	end
14	理发店	lǐfàdiàn	名	barbershop
15	方便	fāngbiàn	形	convenient
16	拐	guǎi	动	to turn
17	健身房	jiànshēnfáng	名	fitness center
18	体育馆	tǐyùguǎn	名	gymnasium
19	小卖部	xiǎomàibù	名	snack counter
20	超市	chāoshì	名	supermarket
21	不但…而且…	búdàn…érqiě…		not only…but also…
22	简单	jiǎndān	形	simple

课文 TEXTS

1　（爱珍看见李钟文一个人在散步……）

爱　珍：嗨，李钟文，你这是去哪儿？[1]

李钟文：哦，是爱珍呀。我随便转转，顺便熟悉一下校园。

爱　珍：原来是这样，怪不得这几天我经常看见你在校园里转。[2]
　　　　你对校园的印象怎么样？

李钟文：校园不太大，不过，环境很好，又安静又漂亮。

爱　珍：安静？你看那里，多热闹啊！

李钟文：那是操场，当然热闹！校园里大部分地方都很安静。

爱　珍：走到头了。这个校园真小呀！

李钟文：确实不大，不过，我发现校园里书店、洗衣店、理发
　　　　店……什么都有，非常方便。[3]

2　爱　珍：李钟文，你知道邮局在哪儿吗？

李钟文：你看，那条路走到头，再往左一拐，就是邮局。

爱　珍：想不到你已经这么熟悉了！[4]有没有健身房？

李钟文：有，就在学校体育馆里边。每天下午都有很多人去那儿
　　　　锻炼。

爱　珍：明天下午我也去看看。附近有没有商店？我说的不是小
　　　　卖部。

李钟文：当然有。学校西门旁边有个大超市，里边不但有吃的、喝
　　　　的，而且有穿的、用的，东西很全。[5]

爱　珍：今天跟你一起散步真不错。不但熟悉了校园，而且练习了
　　　　我的口语。

3　　　　以前中国大学生的学习生活非常简单，可以说是"三点一
线"——从宿舍到教室、图书馆，从教室、图书馆到食堂，再从
食堂到宿舍。可是，现在大学生的生活越来越丰富了，酒吧、咖
啡厅、健身房都是他们常去的地方。他们不但很会玩儿，而且学
习也都非常努力。他们努力学习，为的是以后能找到一个好工
作；[6]他们"努力"玩儿，是因为工作以后就没时间玩儿了。

注释 NOTES

1 你这是去哪儿?

"(你)这是……"是问某人正在干什么时常用的句子。课文中这句话是爱珍看见了李钟文,想知道李钟文要去哪儿。又比如:

"(你)这是……" is frequently used to inquire about what someone is doing. In the text. Aizhen meets Li Zhongwen and she asks this question in order to know where he is going, e.g.,

> ① 你这是画什么呢?
> ② 小王这是要做什么呀?

2 原来是这样,怪不得这几天我经常看见你在校园里转。

"原来……怪不得……","原来"引出表明原因的句子,"怪不得"引出曾经觉得奇怪的某种情况,表示说话人现在才明白出现某情况的原因,恍然大悟,不再觉得奇怪了。例如:

"原来……怪不得……" is used to indicate that the speaker at last understands the reason why something has happened. The clause that indicates the reason is introduced by "原来" and the situation that one once wondered at is introduced by "怪不得", e.g.,

> ① A:智子,爱珍病了,咱们去看看她吧。
>   B:原来她病了,怪不得她今天没来上课呢。
> ② 原来他在法国住过,怪不得他这么了解法国的情况。

💬 注意:"原来……"也可以放在后边。倒如:
NB: "原来……" can also be placed after "怪不得……", e.g.,

> ③ 怪不得你不知道,原来你昨天没去呀。

3 我发现校园里书店、洗衣店、理发店……什么都有，非常方便。

这里的"什么"不是问有什么东西，而是表示不论什么，校园里都有。在表示这样的意思时，后边一般要有"都"或"也"。例如：

"什么" here is not used to ask what there is on the campus, but indicates that whatever one needs, it can be got on the campus. When "什么" is used in such a way, it is often followed by "都" or "也", e.g.,

① 今天他去商店了，可是什么都 / 也没买。
② A：你觉得咱们什么时候去好？
　 B：随便，什么时候都行。

别的疑问代词，如"谁""哪儿"等也可以这么用。例如：

Other interrogative pronouns, like "谁", "哪儿", etc. can also be used in this way, e.g.,

③ 谁都 / 也不知道李钟文去不去。
④ 哪儿都能买到这样的衣服。
⑤ 哪个书店都 / 也没有这种词典。

4 想不到你已经这么熟悉了！

汉语里的"这么 + 形容词""这么 + 能愿动词"可以表示程度高，略带夸张，有使语言生动的作用。例如：

In Chinese, "这么 + adjective" "这么 + auxiliary verb" can he used to indicate the degree with a little bit exaggeration which makes the language more vivid, e.g.,

① 想不到北京的夏天这么热！
② 生词这么多，今天学不完了。
③ 谢谢你送给我这么好的东西。
④ 都这么晚了，小王怎么还没回来？

5 里边不但有吃的、喝的，而且有穿的、用的，东西很全。

在"不但……而且……"里，"而且"引出的分句所表示的意思要比前一分句所表示的更进一步或补充更多的信息。例如：

In the sentence pattern "不但……而且……"，the meaning of the clause introduced by "而且" is further emphasized or the clause supplies more information, e.g.,

① 她不但喜欢唱歌，而且唱得很好。
② 我不但去过故宫，而且去过三次。

注意：上边两个例子里，主语在"不但"的前边，两个分句共一个主语。下边的两个例子里，前后两个分句的主语是不一样的，前一分句的主语要在"不但"的后边。例如：

NB: In the example sentences above，the two clauses in a compound sentence share the same subject. So the subject should be placed before "不但"。In the following example sentences the two clauses in a compound sentence have different subjects. Therefore，the subject of the former clause should be placed after "不但"，e.g.,

③ 不但他会说汉语，而且他爸爸妈妈也会说一点儿汉语。
④ 不但图书馆里有空调，而且教室和餐厅里也有。

6 他们努力学习，为的是以后能找到一个好工作……

"为的是"和"是为了"一样，都是用来表示做一件事情的目的。例如：

Both "为的是" and "是为了" are used to indicate the aim of doing something, e.g.,

① 大家现在努力工作，为的是以后生活得更好。
② 我这次来北京，为的是学好汉语。
③ 麦克努力工作，为的是挣更多的钱买房、买车。

练习 EXERCISES

▶ 一、看图说话（请用上"不但……而且……"） Talk about the picture using "不但……，而且……"

▶ 二、下边的句子都不对，想一想应该怎么说 Correct the mistakes in the following sentences

1. 智子不但知道了，而且别的同学也知道了。

——。

2. 他不但唱得很好听，而且喜欢唱歌。

——。

3. 不但李钟文会说日语，而且李钟文会说汉语。

——。

4. 他今天不但做了作业，而且吃了饭。

——。

5. 我不但想吃日本菜，而且不想吃辣的菜。

——。

6. 李钟文和爱珍在饭馆儿里不但吃饭而且谈话。

_____。

▶ 三、用所给词语填空　Fill in the blanks with the given words

| 为的是　　顺便　　随便　　原来　　怪不得　　不过　　确实　　为了 |

1. 他 _____ 在一家公司工作，现在来这儿学习汉语。

2. 您别太客气了，_____ 点几个菜就行了。

3. 这件衣服真漂亮，_____ 有点儿大。

4. 今天的菜 _____ 很好吃，大家都非常喜欢。

5. 他 _____ 上课不迟到，每天早上 6 点起床。

6. 这是他第四次来这个城市，这次来 _____ 找工作。

7. _____ 林福民口语这么好，_____ 他爸爸妈妈都说汉语。

8. 爷爷每天早上去公园锻炼，回来的时候 _____ 给全家人买早点。

▶ 四、用所给关联词语完成句子　Complete the sentences using the given structures

| 一边……一边……　　又……又……　　先……然后……
不但……而且……　　一……就…… |

1. 大家快坐下吧，_____ 吃 _____ 说。

2. 他每天 _____ 到晚上 10 点 _____ 睡觉。

3. 孩子 _____ 看见妈妈 _____ 高兴得笑了。

4. 我 _____ 给那个饭馆儿打电话订座位，_____ 再通知王老师。

5. 他 _____ 告诉了同学，_____ 告诉了老师。

6. _____ 我们班去了，_____ 别的班也去了。

7. 孩子看见妈妈来了，高兴得 _____ 叫 _____ 跳。

8. 他 _____ 想去看电影，_____ 想去跳舞。

9. 李钟文 _____ 有时间 _____ 找中国朋友练习口语。

10. 你 _____ 尝尝，_____ 再说好不好。

▶ 五、用疑问代词"什么 / 哪儿 / 谁"和"也 / 都"完成句子 Complete the sentences using interrogative pronouns "什么 / 哪儿 / 谁" and "也 / 都"

1. _____，就在家里做作业！

2. A：这几天谁看见小王了？

   B：_____。

3. A：周末你想去什么地方？

   B：_____。

4. A：这件事你不要告诉别人，好吗？

   B：_____。

5. A：别客气！吃点儿什么？

   B：_____。

6. A：你打算什么时候去？

   B：_____。

7. A：买这件还是那件？

   B：_____。

8. 你在电话里说得太快了，_____。

▶ 六、用本课的生词填空 Fill in the blanks using the new words in this lesson

1. 我跟他只见过两次，对他不太 _____。

2. 我们是第一次见面，不过她给我的 _____ 很好。

3. 已经 12 点了，宿舍楼里非常 _____。

4. 他的房间又小又 _____，大家都不想去。

5. 我们都非常努力，不过有 _____ 人不太努力。

6. 学习外语，没有词典不 _____。

7. 以前学的课文比较 _____，现在的有点儿难。

8. 我们宿舍楼里有个 _____，买东西很 _____。

会话 DIALOGUE

▶ 一、完成下列对话（刘刚来这个学校办事，想问去办公楼怎么走） Complete the following dialogue (Liu Gang comes to this university for business, and wants to know the way to the administrative building)

刘刚：请问，_____？

　A：_____，我不是这个学校的，对这儿 _____。

刘刚：请问，我要 _____，您知道在哪儿吗？

　B：从这儿 _____，看见一个红楼再 _____，就 _____。

刘刚：我顺便再问一下，您知道外事处在几层吗？

　B：对不起，_____。你到了办公楼 _____。

刘刚：_____！

　B：_____！

▶ 二、完成下列对话（张英是这个学校的中国大学生，昨天她的中学同学李红从外地来北京玩儿，住在张英的宿舍。今天李红想去校园转转……） Complete the following dialogue (Zhang Ying is a Chinese student of this university. Her high school classmate Li Hong travels to Beijing and lives in her dormitory. Today Li Hong wants to walk around the campus)

张英：李红，你＿＿＿＿＿＿＿＿＿＿吗？

李红：哦，没什么事儿，＿＿＿＿＿＿＿＿＿＿，顺便＿＿＿＿＿＿＿＿＿＿。

张英：＿＿＿＿＿＿＿＿＿＿，那我跟你一起去吧，＿＿＿＿＿＿＿＿＿＿你转转我们学校。

李红：＿＿＿＿＿＿＿＿＿＿！你先说说你们学校大不大吧。

张英：＿＿＿＿＿＿＿＿＿＿。你对我们学校的印象怎么样？

李红：我觉得＿＿＿＿＿＿＿＿＿＿。

张英：我也这样想，不过＿＿＿＿＿＿＿＿＿＿。

李红：我不这样想。我觉得＿＿＿＿＿＿＿＿＿＿。

张英：哟，＿＿＿＿＿＿＿＿＿＿，咱们拐弯吧。

李红：这个校园这么小，我看，＿＿＿＿＿＿＿＿＿＿。

张英：不对，这个校园里边＿＿＿＿＿＿＿＿＿＿。

李红：是吗？你给我说说。

张英：你看，＿＿＿＿＿＿＿＿＿＿吃饭、买东西、取钱、理发……干什么都很方便。

第 **4** 课　住的麻烦

生词 NEW WORDS

1	换	huàn	动	to change
2	习惯	xíguàn	名/动	habits; to be used to
3	完全	wánquán	副	completely
4	结束	jiéshù	动	to finish
5	偏偏	piānpiān	副	contrary to one's expectations
6	同意	tóngyì	动	to agree
7	既	jì	连	both…(and)…
8	精神	jīngshen	名/形	vitality; spirited
9	临	lín	动	to be close to
10	正	zhèng	副/形	precisely; straight
11	对	duì	动	to face

12	吵	chǎo	动	to make a noise
13	着	zháo	动	*used after a verb to indicate accomplishment or result*
14	醒	xǐng	动	to wake up
15	再说	zàishuō	动	to talk about it later
16	空调	kōngtiáo	名	air-conditioner
17	一直	yìzhí	副	until

课文 TEXTS

1 飞　龙：没想到，才来一个星期，你跟服务员就很熟了。[1]

李钟文：哪儿呀！我想请服务员帮我换个房间。

飞　龙：怎么了？你的房间有问题吗？

李钟文：不是。我跟我的同屋生活习惯完全不一样。

飞　龙：我想没什么关系吧，一个月以后学习就结束了。

李钟文：你不知道，晚上我睡觉的时候，他要学习；下午我学习的时候，他偏偏要睡觉！[2]

飞　龙：这确实得换。服务员同意给你换了吗？

李钟文：她既没说同意，也没说不同意，[3]只说要等等。[4]

2 左　拉：今天你怎么这么没精神？

爱　珍：嗨！天天睡不好，怎么能有精神？[5]

左　拉：怎么了？能说给我听听吗？

爱　珍：咱们的宿舍楼不是临街吗？[6]我的房间正对着公共汽车站。

左　拉：我知道了，是公共汽车吵得你睡不好觉。

爱　珍：没错。特别是我睡着后，一醒就睡不着了。

左　拉：我看，你或者想办法换个房间，或者快点儿习惯新环境。[7]

爱　珍：再说吧。[8]现在我得想办法好好睡一觉。

3　　这几天天气热极了，热得人吃不好也睡不好。飞龙的房间里有空调，可偏偏这两天坏了，热得他一直到夜里两三点才能睡着觉。他走路、上课的时候，一点儿精神也没有。服务员说，今天就给他的房间换新空调。飞龙想，这下好了，今天晚上一定能睡个好觉。

注释 NOTES

1 才来一个星期，你跟服务员就很熟了。

（1）"才（+动词）+数量"：副词"才"表示数量少。例如：

In the structure "才（+ verb）+ quantity", the adverb "才" indicates the quantity is small, e.g.,

① 他上大学的时候才16岁。
② 这件衣服才花了50块钱。
③ 他才学了三个月，就能上中级班了。

（2）"数量 + 才 + 动词 + ……"：副词"才"表示不容易做、时间长、事情发生得晚或结束得晚等。例如：

In the structure "quantity + 才 + verb + ……", the adverb "才" indicates that it is not easy or it takes a long time to do something，or something takes place/ends late, e.g.,

④ 他花了两个小时才做完今天的作业。

⑤ 老师说了三遍，我们才听懂。

注意下边的句子中两个"才"的意思差别：

Pay attention to the semantic difference between two "才" in the following sentence：

⑥ 我们坐出租车（taxi）去，才 20 分钟就到了；他们坐公共汽车（bus）去，坐了一个小时才到。

2 下午我学习的时候，他偏偏要睡觉！

（1）副词"偏偏"表示事实与主观愿望不一样或者相反。如：

The adverb "偏偏" here means the fact is different from or contrary to one's wish, e.g.,

① 我昨天找了你好几次，你偏偏都不在。

② 我原来想明天去故宫，偏偏今天生病了。

③ 他今天起床很晚，去上课的路上偏偏自行车又坏了。

（2）副词"偏偏"还有一个意思，表示"只有""仅仅"，说明某种情况特别，有不满的语气。如：

The adverb "偏偏" also means "只有"，"仅仅"，denoting some special situation and implying dissatisfaction，e.g.,

④ 大家都到了，偏偏小王没来。

⑤ 别人用的时候都没问题，偏偏我用的时候坏了。

3 她既没说同意，也没说不同意……

汉语里用"既……也……"来连接并列的动词或动词短语，强调两种情况同时存在，并且后一部分表示进一步补充说明。例如：

In Chinese, "既……也……" is used to link coordinate verbs or verbal phrases. This pattern underlines the fact that two situations exist at the same time. The part after "也" gives further explanation, e.g.,

① 学习外语，既要练习听、说，也要练习读、写。

② 我的同屋既不会汉语，也不会英语。

③ 她既喜欢唱歌，也喜欢跳舞。

4 只说要等等。

副词"只"在动词前，表示唯一的情况或范围。例如：

When the adverb "只" appears before a verb, it means the only situation on the limited range, e.g.,

① 今天我只有口语课。

② 学汉语不能只学口语不学汉字。

5 天天睡不好，怎么能有精神？

这是一个反问句，反问句不需要回答，是一种表示强调的方法。它的格式是"主语 + 怎么 / 哪 + 动词或动词短语"。动词或动词短语是肯定的，这个句子强调的是否定的意思；动词短语是否定的，句子强调的是肯定的意思。例如：

It is a rhetorical question. It doesn't need an answer and is a way to emphasize something. The structure is "subject + 怎么 / 哪 + verb or verbal phrase". When the verb is in the affirmative form, the sentence has the sense of negation; When the verb is in the negative form, the sentence has the sense of affirmation, e.g.,

① 从来没有人告诉过我，我怎么 / 哪知道？（当然不知道）

② 这么忙，哪有时间啊？（没有时间）

③ 学外语怎么 / 哪能不说话啊？（应该说话）

④ 他怎么不知道？昨天他还对我说起过这件事。（他当然知道）

6 咱们的宿舍楼不是临街吗?

"不是……吗"也是反问句式,表示肯定,有强调的意思。例如:

"不是……吗" is also a rhetorical question pattern, emphasizing an affirmation, e.g.,

> ① 你不是来过这儿吗?
>
> ② 今天去或者明天去不是一样吗?
>
> ③ 那个电影你不是看过吗? 为什么还要去看?
>
> ④ 这不就是你的书吗?

7 你或者想办法换个房间,或者快点儿习惯新环境。

汉语里用"或者……,或者……"表示选择。主语不同时, "或者"只能在主语前。例如:

The structure "或者……或者……" is used in Chinese to express choices. When the subjects in the two clauses are not the same, "或者" can only be used before the subjects, e.g.,

> ① 你或者今天下午来,或者明天上午来,都行。
>
> ② 今天晚上去看电影,咱们或者坐公共汽车,或者打车,随便。
>
> ③ 或者你来,或者我去,都行。

8 再说吧。

"再",副词,表示将来、以后的意思。"说",动词,表示考虑或做某事。"再说吧"意思是,某件事现在不考虑或者不做,等将来合适的时候考虑或做。前边也可以加上表示将来时间的词语,说成"以后再说吧""等……(的时候)再说吧"等等。例如:

"再", adverb, means "in the future, or later on." "说", verb, means "consider or think about something." "再说吧" means that something is not going to be considered or done right now or until the appropriate time. The phrase indicating the time in the future can also be used before "再说吧", for example, "以后再说吧". "等……(的时候)再说吧", etc. e.g.,

> ① 今天不想洗衣服,明天再说吧。
>
> ② 我现在还看不懂汉语电视剧,等我的汉语水平提高了再说吧。

练习 EXERCISES

一、在左右两组中各选一个词语用"既……也……""或者……或者……"连接起来 Connect one of the phrases on the left column with one on the right using "既……也……" or "或者……或者……"

看电影	打球
吃中国菜	吃日本菜
星期一到	星期二到
学习经济	学习文学
没去上课	没去看病
同意爸爸的意见	同意妈妈的意见
自己用	送给别人
喜欢自己一个人玩儿	喜欢跟朋友一起玩儿
上班工作	做饭、洗衣服
喜欢玩儿	喜欢学习

二、用反问句改写句子 Change the following sentences into rhetorical questions

1. 你去过那个地方，你应该知道怎么走。

⇨ _____。

2. 你是美国人，应该知道乔治·华盛顿是谁。

⇨ _____。

3. 现在天天上班，一点儿时间也没有。

⇨ _____。

4. 别找了，你的书在这儿。

⇨ _____。

5. 他既没学过法语，也没去过法国，听不懂。

    ⇨ _____。

6. 我不知道，没有人跟我说过。

    ⇨ _____。

7. 你是来学汉语的，应该多说汉语。

    ⇨ _____。

8. 他从来没学过汉语，一点儿也不会。

    ⇨ _____。

▶ 三、用括号中的词语完成句子 Complete the sentences using the words in the brackets

1. 我给他打了好几次电话，可是 _____。 （偏偏）

2. 昨天我去找你，_____。 （偏偏）

3. 大家都来了，_____。 （偏偏）

4. 他每天上课都带着词典，_____。 （偏偏）

5. 爱珍刚开始学京剧，还不能表演，_____。 （再说）

6. 今天经理不在，你的问题我不能解决，_____。 （再说）

7. _____，应该吃各种东西。 （只）

8. 大家问他怎么了，_____，什么也不说。 （只）

▶ 四、用"才""就"填空 Fill in the blanks with "才" or "就"

1. 我今天 8：00 _____ 到教室，飞龙 7：50 _____ 到了。

2. 爱珍听了一遍 _____ 听懂了，李钟文听了三遍 _____ 听懂。

3. 昨天的作业我花了 20 分钟 _____ 做完了。

4. 他走了 40 分钟 _____ 走到。

5. 老师一说他 _____ 明白了。

6. 小张说了半天我们 _____ 明白他的意思。

7. 小张 _____ 说了一句话，我们 _____ 明白了。

8. 写昨天的作业我 _____ 花了 20 分钟。

9. 这台空调 _____ 用了两个星期 _____ 坏了。

10. 我今天 _____ 学会这个词的用法。

五、判断正误(× / √) Judge whether each sentence is right (√) or wrong (×)

1. 我一直不知道你是法国来的留学生。 ☐

2. 他希望能在北京一直住到明年。 ☐

3. 李钟文不一直在这儿学习汉语，9 月以后他要去天津。 ☐

4. 这件事一直他没告诉他的朋友。 ☐

5. 他从来在法国住，没有去过别的国家。 ☐

6. 他和他的女朋友从来不喝红酒。 ☐

7. 他希望从来不生病。 ☐

8. 20 多年了，我从来没见过这样的人。 ☐

9. 从早上到现在，我从来没吃东西。 ☐

10. 来这儿以前，他从来不吃辣的，现在他特别喜欢吃辣的了。 ☐

六、用本课的生词填空 Fill in the blanks with the new words in this lesson

1. 这家饭馆儿人太多了，咱们 _____ 一家吧。

2. 你的想法很好，我 _____ 同意。

3. 你穿这件衣服特别 _____。

4. 我住的那个楼 _____ 着一家电影院。

5. 体育馆太 _____，我没听见电话铃声。

6. 已经 8 点了，快叫 _____ 他。

会话 DIALOGUE

▶ 看图对话："你怎么了？" Make a dialogue according to the picture

第5课 怎么去好

生词 NEW WORDS

1	差不多	chàbuduō	副	almost
2	建议	jiànyì	动/名	to suggest; suggestion
3	挤	jǐ	形/动	crowded; to squeeze
4	歇	xiē	动	to have a rest
5	主意	zhúyi	名	idea
6	路	lù	量	route
7	倒	dǎo	动	to change
8	千万	qiānwàn	副	must be sure to
9	堵（车）	dǔ (chē)	动	(traffic) jam
10	市区	shìqū	名	downtown area
11	沿途	yántú	名	along the road

12	邀请	yāoqǐng	动	to invite
13	周末	zhōumò	名	weekend
14	郊区	jiāoqū	名	suburb
15	技术	jìshù	名	skill
16	敢	gǎn	助动	to dare
17	打（车）	dǎ (chē)	动	to take (a taxi)
18	发现	fāxiàn	动	to find
19	刚刚	gānggāng	副	just now
20	线路	xiànlù	名	line, route
21	决定	juédìng	动/名	to decide; decision
22	做客	zuò kè		to be a guest

● 专名

1	张英	Zhāng Yīng	*name of a person*
2	季红	Jì Hóng	*name of a person*
3	香山	Xiāng Shān	the Fragrant Hill
4	天坛	Tiāntán	the Temple of Heaven
5	颐和园	Yíhé Yuán	the Summer Palace
6	黄勇	Huáng Yǒng	*name of a person*

课文 TEXTS

1 张　英：季红，今天咱俩去哪儿玩儿？

季　红：有名的地方差不多都去过了，[1]只有香山和天坛公园还没去。

张　英：香山比天坛近一些，[2]我建议今天去香山。

季　红：行啊。那咱们怎么去呢？

张　英：坐公交或者骑车都行，你说吧。

季　红：坐公交太挤了。这几天我天天坐，已经坐腻了。[3]

张　英：不想坐公交，那咱们就骑车去。

季　红：骑车去有点儿远，而且还有山路。

张　英：没关系，要是累了，咱们就停下来歇会儿。[4]

季　红：去可能没问题，回来的时候就很难说啦。

张　英：要是骑不动了，咱们就在路上找个饭馆儿先吃饭。

2 望　月：明天星期六，咱俩去香山玩儿玩儿，怎么样？

爱　珍：好主意。你说咱们怎么去呢？

望　月：坐公共汽车吧。去香山坐几路车啊？

爱　珍：我用手机上网查查地图，咱们一起看看。

望　月：啊，先坐 375 路到颐和园，然后再倒 331，坐到头就到了。没想到这么方便。

爱　珍：明天路上千万别堵车。[5]上次去故宫，堵了差不多一个小时！

望　月：那是因为故宫在市区，沿途都是热闹的地方，所以很容易堵车。[6]

3　　飞龙的朋友黄勇邀请飞龙周末去他家里玩儿。黄勇的家在郊区，骑车去有点儿远。再说，[7]飞龙骑车的技术不高，他不敢骑车去。坐公共汽车也不方便，得倒好几次车。打车呢？几十公里，太贵，而且路上可能会堵车。飞龙上网查了一下地图，发现有一条刚刚通车的地铁线路就到黄勇家附近，出了地铁站走路只要十分钟。最后飞龙决定坐地铁去黄勇家做客。

注释 NOTES

1 有名的地方差不多都去过了……

"差不多"表示相差很少，接近。例如：

"差不多" means "close to". There is only a slight difference, e.g.,

① 咱们俩差不多高。
② 头发差不多都白了。
③ 今天差不多来了 200 人。
④ 季红差不多等了半个小时。

注意："差不多"也可以用在数量的前边。例如：

NB:"差不多" can also be used before quantities, e.g.,

⑤ 教室里坐了差不多 20 人。
⑥ 差不多一半的同学都去过了。

2 香山比天坛近一些……

（1）介词"比"常用来表示比较，一般格式："A比B + 形容词 + C"。这里的 C 说明具体的差别，一般是数量短语或"得多""多了""一点儿"等。例如：

The preposition "比" is often used to express comparison. The usual structure is "A比B + adjective + C". Here C indicates the specific difference, usually numeral-classifier compounds or "得多", "多了", "一点儿", e.g.,

① 哥哥比弟弟大。
② 哥哥比弟弟大三岁。
③ 这种西瓜比那种便宜。
④ 这种西瓜比那种便宜得多。
⑤ 走路去比骑车去慢多了。
⑥ 走路去比骑车去慢半个小时。

注意: 在形容词前边只可以用"还""更"等表示差别程度的副词，不能用"很""非常""特别"等词语。例如：

NB: Before the adjective one can only use the adverbs like "还" or "更" to express the degree of the difference. One can't use "很", "非常" or "特别" etc., e.g.,

⑦（他的宿舍很干净，）我的宿舍比他的更干净。
⑧（姐姐挺漂亮，）妹妹比姐姐还漂亮。

（2）"比"还可以用在一些动词谓语句里。例如：

"比" can also be used in certain sentences with verbal predicates，e.g.,

⑨ 他比韩国人更喜欢吃辣的。
⑩ 爱珍比望月还想家。

注意: 动词后有程度补语，"比 + B"可以用在动词前，也可以用在补语前。例如：

NB: If a complement of degree goes after the verb, "比 + B" can be put before the verb or the complement，e.g.,

⑪ 今天李钟文比老师来得早。／今天李钟文来得比老师早。
⑫ 林福民比我说得流利。／林福民说得比我流利。

3 这几天我天天坐，已经坐腻了。

这里"腻"是指因次数多而对某件事厌烦，不想再做。例如：

"腻" here means that because one action has been repeated again and again, one doesn't feel like doing it any more, e. g.,

① 天天吃方便面，我都吃腻了。
② 这种电视剧我已经看腻了。

4 要是累了，咱们就停下来歇会儿。

连词"要是"用在前一分句提出一种假设，后一分句说明在这种情况下会出现的结果，后边分句前常常有"就"或者"那""那么"等词语。例如：

The first clause where the conjunction "要是" is used gives a hypothesis, whereas the second clause makes it clear what would happen under the hypothesis. Before the second clause "就", "那" or "那么" is often used, e.g.,

① 明天要是下雨，（那）我们就不去了。
② 昨天你要是来这儿，你就能看见他了。
③ 要是不想今天去，那（么）就明天去吧。

5 明天路上千万别堵车。

"千万"表示"必须""一定"，多用在对人恳切叮咛或表达某种强烈的希望时，后边一般是"要"或者是否定词语。例如：

"千万" indicating "must" or "be sure to" is often used when one exhort somebody earnestly or when one expresses a strong wish. It is usually followed by "要" or a negative expression，e.g.,

① 明天的晚会你千万要来呀。
② 这事千万别忘了。
③ 对客人千万不能说这样的话。
④ 明天可千万别下雨。

6 那是因为故宫在市区，沿途都是热闹的地方，所以很容易堵车。

表示事件发生的原因和结果最常用的格式就是"因为……所以……"。"因为……"表示原因，"所以……"表示结果。例如：

The structure most often used in Chinese to express the reason why something happens and the result of something is "因为……所以……". "因为……" is used to indicate the reason. and the result is indicated by "所以……", e.g.,

① 他因为感冒了，所以今天没来上课。
② 因为昨天晚上睡得很晚，所以他今天8：30才起床。
③ 因为教室里的空调坏了，所以同学们把窗户打开了。
④ 因为四川菜太辣，所以他不常去四川风味的饭馆儿吃饭。

注意：前后两个分句主语相同时，主语可以在"因为"前，也可以在"所以"后，如上例①②；前后两个分句的主语不同时，主语要在"因为""所以"的后边，如上例③④。

NB: If the two clauses share the same subject, the subject can be put either before "因为" or after "所以" as in Examples 1 and 2 above. If the subjects are not the same in the two clauses, the subjects should be put after "因为" and "所以" as in Examples 3 and 4 above.

7 骑车去有点儿远。再说，飞龙骑车的技术不高，他不敢骑车去。

"再说"多用于口语，表示进一步说明理由或补充新的理由。一般用在第二个句子前边。例如：

"再说" is usually used in spoken Chinese when giving a further explanation of a reason or adding some new reasons. It is generally put at the beginning of the second clause, e.g.,

① 这本书没什么意思，再说你已经有一本差不多的书了，别买了。
② 我们是好朋友，不用这么客气，再说我也没帮上你什么忙。
③ 这次旅行我不去了，最近太忙，再说我刚买了汽车，没钱了。

注意："再说"跟"再+说"的区别。"再+说"的意思是：某事现在不做或不考虑，等将来合适的时候做或考虑。例如：

NB: The difference between "再说" and "再 + 说". The meaning of "再 + 说" is that one does not want to do or consider something now, but will do or consider it when the right time comes, e.g.,

④ 今天太晚了，明天再说吧。

⑤ 你先找地方住下，工作的事过几天再说。

练习 EXERCISES

一、根据这张表互相提问，回答时最好用上"比" Ask each other questions about the chart and give answers using "比"

学生A

• 2000 年中学毕业
• 学过英语、法语、日语、汉语、俄语
• 第一次来中国
• 每天晚上 12：00 睡觉、早上 6：00 起床
• 每天 7：50 到教室
• 每天除了上课，还学习 5 个小时
• 喜欢足球，踢得也很好
• 喜欢唱歌，能唱两首中国歌
• 自行车骑得不好，很慢

学生B

• 2005 年中学毕业
• 学过英语、德语、汉语
• 来过四次中国
• 每天晚上 11：30 睡觉、早上 7：00 起床
• 每天 8：00 到教室
• 每天除了上课，还学习 3 个小时
• 喜欢看足球，不踢
• 喜欢唱歌，会唱很多中国歌
• 骑自行车骑得又快又好

二、用下列关联词语改写句子 Rewrite the sentences using the given conjunctions

要是……，就……　　因为……，所以……　　不但……，而且……

1. 我前年去过了。这次我不想再去了。

⇨ _____。

2. 我去过。别的同学也去过。

⇨ _____。

3. 这件衣服的颜色不好看。这件衣服很贵。

⇨ _____。

4. 我明天不能来。我给你打电话。

    ⇨ _____ 。

5. 天太热，我睡不着觉。

    ⇨ _____ 。

6. 我不喜欢。我不去。

    ⇨ _____ 。

➡ **三、完成下列句子** Complete the following sentences

1. 因为天气很热，_____ 。

2. 因为天气很热，_____ 。

3. 因为天气很热，_____ 。

4. _____ ，所以他不想跟我们一起去。

5. _____ ，所以他不想跟我们一起去。

6. _____ ，所以他不想跟我们一起去。

➡ **四、完成下列句子（注意"要是"的用法）** Complete the sentences paying attention to the usage of "要是"

1. 你要是看到他的话，_____ 。

2. 要是明天不热，_____ 。

3. 昨天你要是在这儿的话，_____ 。

4. _____ ，咱们就去游泳。

5. _____ ，他一定会帮你的。

6. _____ ，那咱们现在已经到上海了。

五、根据所给材料，用"再说"对话 Make a dialogue according to the given information using "再说"

> **例 Example**
>
> A：你觉得那个电影怎么样？
>
> B：我不喜欢，太慢了，再说故事内容也不新鲜。

Ⅰ
- 他来我们班好几天了，也没做自我介绍。
- 老董买的那件衣服料子（liàozi, material）一般。
- 我觉得那家饭馆儿不太贵。
- 他不想去，因为他已经去过好几次了。
- 学校附近的那家商场人太多了。
- 这种课本本来就比较容易。

Ⅱ
- 他来我们班以后根本没跟别人说过话，我们都不了解他。
- 老董买的衣服太大了。
- 我觉得那家饭馆儿有空调，也很干净。
- 他不想去。因为下星期有考试，他怕耽误（dānwu, to delay）时间。
- 学校附近的那家商场东西太贵了。
- 他几年以前学过。

六、下列括号中的词语应该放在什么地方（可能不只一个答案正确） Where should the words in the brackets be placed (there can be more than one correct answer)

1. 现在 A 街上 B 车多、人多，C 过马路的时候 D 要注意。　（千万）

2. 爸爸妈妈明天 A 要去开会，你 B 一个人 C 在家 D 要小心。

（千万）

3. 这些书他 A 都 B 看过了，我只 C 看过 D 两本。　（差不多）

4. 他 A 花了 B 85块钱，我 C 花了 D 100块钱。 （差不多）

5. 他 A 晚上 B 一个人 C 开车 D 出去。 （不敢）

6. 现在 A 天气 B 很冷，C 感冒 D。 （容易）

▶ **七、用本课的生词填空** Fill in the blanks with the new words in this lesson

1. 老师＿＿＿＿＿我们先去故宫，然后再去北海公园。

2. 这么晚了，没有公共汽车了，你得＿＿＿＿＿回去。

3. 大家要是有好＿＿＿＿＿，请告诉我们。

4. 一下课，楼道里就非常＿＿＿＿＿，说话的、抽烟的、吃东西的
都有。

5. ＿＿＿＿＿的时候，我一般 9：00 起床，因为没有课。

6. 我没有＿＿＿＿＿他，他怎么也来了？

7. 现在的＿＿＿＿＿进步了，做的东西又好看又好用。

8. 张教授请我们去他家＿＿＿＿＿，我们＿＿＿＿＿星期日下
午去。

会话 DIALOGUE

▶ **一、完成下列对话** Complete the following dialogue

A：下午你＿＿＿＿＿？

B：看电影。现在有部新电影，据说很好看。＿＿＿＿＿？

A：好啊！在哪儿？离这儿远吗？怎么去？

B：你别这么着急。电影院离这儿＿＿＿＿＿，就是倒车不方便。

A：要是这样，那＿＿＿＿＿吧。

B：我也＿＿＿＿＿想，不过我骑车的技术＿＿＿＿＿。

A：没关系，咱们＿＿＿＿＿。

⟐ 二、看图对话 Make a dialogue according to the pictures

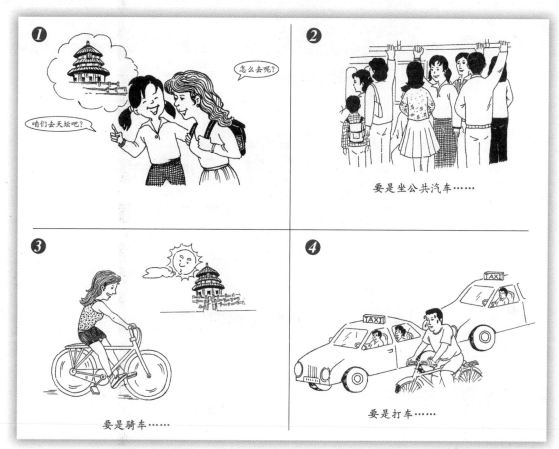

第 **6** 课 做 客

 生词 NEW WORDS

1	伯父	bófù	名	uncle
2	伯母	bómǔ	名	aunt
3	礼物	lǐwù	名	a gift
4	巧克力	qiǎokèlì	名	chocolate
5	品尝	pǐncháng	动	to taste
6	添	tiān	动	to add
7	麻烦	máfan	名/形/动	trouble; troublesome; to bother
8	饱	bǎo	形	full
9	如果	rúguǒ	连	if
10	空儿	kòngr	名	free time
11	了解	liǎojiě	动	to know

12	称呼	chēnghu	动/名	to call; form of address
13	家人	jiārén	名	family member
14	合适	héshì	形	suitable
15	按照	ànzhào	介	according to
16	叔叔	shūshu	名	uncle
17	阿姨	āyí	名	aunt
18	兄	xiōng	名	elder brother
19	传统	chuántǒng	名	tradition
20	选择	xuǎnzé	动	to choose
21	特产	tèchǎn	名	specialty
22	其实	qíshí	连	in fact
23	规矩	guīju	名	custom, ways of doing things
24	礼貌	lǐmào	名/形	politeness; polite
25	显得	xiǎnde	动	to seem

课文 TEXTS

1　黄　勇：爸，妈，飞龙来了。飞龙，这是我爸，这是我妈。

　　飞　龙：伯父，伯母，你们好。

　　爸　爸：欢迎欢迎，早就听黄勇说你要来。[1]快请进屋坐吧！

　　飞　龙：我不知道带点儿什么礼物好，这是我们法国的巧克力，请
　　　　　　你们品尝品尝。

　　妈　妈：带什么礼物呀！[2]你真是太客气了。

　　飞　龙：伯父伯母的身体都挺好吧？

妈　妈：挺好的。你们谈，我做饭去。

飞　龙：真不好意思，给您添麻烦了。

2 飞　龙：时间不早了，我该回去了。[3]

爸　爸：再坐一会儿吧，明天是周末，没有课。

飞　龙：不了，明天还有事。

妈　妈：急什么呀，再吃点儿水果。

飞　龙：不了，谢谢！今天我吃得太饱了。伯母做的菜真的好吃
　　　　极了！

妈　妈：别客气。下星期六你伯父过生日，如果你有空儿，欢迎
　　　　再来。[4]

飞　龙：好的，我一定来。你们请回吧。再见！

爸　爸：你慢走，再见！

3　　　如果你打算去中国朋友家里做客，那么你应该了解怎么称呼
朋友的家人，带什么礼物合适。

　　　按照中国人的习惯，对朋友的父母可以叫叔叔阿姨或伯父伯
母。对朋友的兄弟姐妹可以叫名字，比自己年纪大的，也可以叫
哥哥姐姐。

　　　送给中国人的礼物，可以按照传统选择茶叶、酒、点心、水
果，也可以选择鲜花、巧克力，或者你们国家的特产。

　　　其实，去中国人家里做客，[5]没什么特别的规矩。[6]如果你又
有礼貌，又显得像回到自己家一样随便，主人一定会很高兴。

注释 NOTES

1 早就听黄勇说你要来。

这里的"早"强调动作行为的发生离现在时间较长，句尾常用"了"。例如：

Here "早" emphasizes that it's been some time since an action took place. "了" is often used at the end of the sentence, e.g.,

> ① 这件事我们早知道了。
>
> ② 你的信我早收到了，可是一直没时间给你写回信。

"早"后常用"就""已"等词语。例如：

"就"，"已" is often used right behind "早", e.g.,

> ③ 他早就不在这儿住了。
>
> ④ 我早就跟你说过（了），可你还是忘了。
>
> ⑤ 东西早已准备好了，他一来咱们就走。

2 带什么礼物呀！

"什么"在这里表示否定的意思，意思是"不用带礼物"。可以用在动词或形容词后。例如：

Here "什么" indicates a negation，meaning "no need of bringing gifts". It can be put after a verb or an adjective，e.g.,

> ① 这是大人的事，你小孩子懂什么！
>
> ② 天气这么好，看什么电视呀，出去走走吧。
>
> ③ 大家都是朋友，你客气什么呀。
>
> ④ 你才 100 斤，胖什么呀；我才胖呢，都 130 斤了。

3 我该回去了。

（1）"该"作能愿动词，表示应该做某事或按照一般情况会发生某种情况。例如：

"该", auxiliary verb, indicating that something should be done, or something happens in general term, e.g.,

① 夜里十二点了，你该睡觉了。
② 还有十分钟就该下课了。
③ 这么晚了还不回家，你妈妈该担心了。
④ 你没有给花儿浇水，花儿该干死了。

（2）"该"作动词，意思是按照顺序轮到某人做某事。例如：

"该", a verb, means that it is somebody's turn accordingly, e.g.,

⑤ 望月回答完问题，该飞龙回答了。
⑥ 现在该我们发球了。

4 如果你有空儿，欢迎再来。

"如果"和"要是"一样，表示假设，用法比"要是"正式。"如果"用在前一分句，后一分句说出结论、结果或提出问题，常用"那么""就"等呼应。例如：

"如果" introduces a hypothesis and has the same meaning as "要是". It is more formal than "要是". "如果" is used in the first clause, and a conclusion, a result or a question is given in the second clause with "那么" or "就" echoing "如果", e.g.,

① 如果你看见望月，就让她来找我。
② 如果你在书中仔细寻找，那么你一定能找到对你有用的东西。
③ 如果你不能改正错误，那你怎么进步呢？

5 其实，去中国人家里做客……

"其实"表示所说的情况是真的，有对上文做修正或补充的意思。用在谓语前或主语前。例如：

"其实" means that what one says is true. It is used when correcting or supplementing what has been said previously. It is put before the predicate or before the subject, e.g.,

① 以前我一直以为自己很笨，现在才发现，我其实很聪明。
② 来北京以后，他为了学习从来不看电视，其实看电视可以练习听力。
③ 大家只知道汤姆会踢足球，其实他篮球打得也很好。

6 没什么特别的规矩。

"什么"指不确指的人或事物，用在名词前。可以省去"什么"，意思不变。例如：

"什么" is used to refer to indefinite persons or things. It is used before nouns. One can omit "什么" without changing the meaning, e.g.,

① 最近没有什么新鲜事。
② 我没什么要说的了。
③ 我进去的时候，他们正在商量什么事情。
④ 你找老王有什么事吗？

练习 EXERCISES

➡ 一、改写下列句子（用"什么"表示否定） Change the following sentences using "什么" to indicate negation

1. 你别急，丢了也没关系。

⇨ _____ 。

2. 这么近，不用坐车，走着就行了。

⇨ _____ 。

3. 车上没那么多人，你别挤。

⇨ _____ 。

4. 不年轻了，我已经五十了。

⇨ _____ 。

5. 我们是老朋友，不用谢。

⇨ _____ 。

➡ 二、用括号中的词语完成句子 Complete the sentences using the words in the brackets

1. 我一回家妈妈就给我包饺子吃，_____ 。 （其实）

2. 望月说她的字写得不好看，_____ 。 （其实）

3. 雨停了，_____ 。 （显得）

4. 老年人穿这种颜色的衣服_____ 。 （显得）

5. 王老师的儿子一见到我就喊"阿姨好"，_____ 。

（显得）

6. 你怎么才知道呀？_____ 。 （早就）

7. _____ ，饭菜还没有准备好。 （早就）

8. ＿＿＿＿＿＿＿＿＿，春节应该吃饺子。　　　（按照）

9. 如果你＿＿＿＿＿＿＿＿＿，你的病一定能好。　（按照）

10. ＿＿＿＿＿＿＿＿＿，学生不能在宿舍里喝酒。　（按照）

11. 快要放假了，＿＿＿＿＿＿＿＿＿。　　　　　（该……了）

12. 我的矿泉水喝完了，＿＿＿＿＿＿＿＿＿。　　（该……了）

13. 弟弟，昨天是我打扫的房间，＿＿＿＿＿＿＿＿＿。　（该……了）

三、用"如果……就／那么……"和下面的词语造句 Make sentences using the given words and "如果……就／那么……" structure

1. 下面　　　　　　　　　香山

　⇨ ＿＿＿＿＿＿＿＿＿＿＿＿＿＿＿＿＿＿＿＿＿＿＿＿＿＿。

2. 有好主意　　　　　　　告诉大家

　⇨ ＿＿＿＿＿＿＿＿＿＿＿＿＿＿＿＿＿＿＿＿＿＿＿＿＿＿。

3. 想好了去哪儿　　　　　去办公室报名

　⇨ ＿＿＿＿＿＿＿＿＿＿＿＿＿＿＿＿＿＿＿＿＿＿＿＿＿＿。

4. 来不了　　　　　　　　打电话

　⇨ ＿＿＿＿＿＿＿＿＿＿＿＿＿＿＿＿＿＿＿＿＿＿＿＿＿＿。

5. 这些建议都不好　　　　咱们再讨论讨论

　⇨ ＿＿＿＿＿＿＿＿＿＿＿＿＿＿＿＿＿＿＿＿＿＿＿＿＿＿。

6. 不复习　　　　　　　　记不住

　⇨ ＿＿＿＿＿＿＿＿＿＿＿＿＿＿＿＿＿＿＿＿＿＿＿＿＿＿。

▶ 四、用本课的生词填空　Fill in the blanks with the new words in this lesson

1. 在北京的时候，大家都 ＿＿＿＿＿＿＿＿＿＿ 过很多中国的小吃。

2. 先吃吧，要是不够，再 ＿＿＿＿＿＿＿＿＿＿ 。

3. ＿＿＿＿＿＿＿＿＿＿ 你帮我拿一下，好吗?

4. 这里的情况我们还不太 ＿＿＿＿＿＿＿＿＿＿ ，你先介绍一下。

5. 见到老师叫名字不 ＿＿＿＿＿＿＿＿＿＿ 。

6. 做这件事最 ＿＿＿＿＿＿＿＿＿＿ 的人是小王，不是小陈。

7. ＿＿＿＿＿＿＿＿＿＿ 男朋友，不能太随便了。

8. 按照中国的 ＿＿＿＿＿＿＿＿＿＿ 习惯，年纪最大的人坐那儿。

9. 今天我收到了爸爸给我的生日 ＿＿＿＿＿＿＿＿＿＿ 。

10. 那个孩子又聪明又有 ＿＿＿＿＿＿＿＿＿＿ 。

▶ 五、用下边的词语说说在你们国家去别人家做客时应该注意什么　Tell us how to well behave when being a guest in your country. Try to use the words below

按照	显得	如果	什么	其实	合适
麻烦	传统	不但	千万	差不多	

会话 DIALOGUE

🔁 **看图对话**　Make a dialogue according to the pictures

第 **7** 课 旅行计划

生词 NEW WORDS

1	学院	xuéyuàn	名	college
2	发	fā	动	to deliver, to send out
3	旅行	lǚxíng	动	to travel
4	计划	jìhuà	名/动	plan; to plan
5	商量	shāngliang	动	to talk over
6	除了…以外	chúle…yǐwài		except
7	部分	bùfen	名	part
8	草原	cǎoyuán	名	grassland
9	景色	jǐngsè	名	scenery
10	说实话	shuō shíhuà		frankly speaking
11	兴趣	xìngqù	名	interest

S 汉语口语速成 · 基础篇
HORT-TERM SPOKEN CHINESE · ELEMENTARY

12	游览	yóulǎn	动	to visit
13	名胜	míngshèng	名	scenic spots
14	古迹	gǔjì	名	historical site
15	石窟	shíkū	名	grotto
16	具体	jùtǐ	形	concrete
17	报名	bào míng		to enter one's name
18	丰富	fēngfù	形	rich
19	组织	zǔzhī	动	to organize
20	外地	wàidì	名	other places
21	旅游	lǚyóu	动	to travel
22	份	fèn	量	*a measure word for newspapers, periodicals, documents, etc.*
23	内容	nèiróng	名	content
24	讨论	tǎolùn	动	to discuss
25	自然	zìrán	名/形	nature; natural
26	风光	fēngguāng	名	scenery
27	武术	wǔshù	名	martial arts, *wushu*
28	路线	lùxiàn	名	route

● 专名

1	洛阳	Luòyáng	*name of a city*
2	大同	Dàtóng	*name of a city*
3	龙门石窟	Lóngmén Shíkū	Longmen Grottoes
4	少林寺	Shàolín Sì	Shaolin Temple
5	云冈石窟	Yúngāng Shíkū	Yungang Grottoes
6	内蒙古	Nèiměnggǔ	Inner Mongolia

课文 TEXTS

1 李钟文：望月，你看学院发的旅行计划了吗？

望　月：看了，不过我还没想好去哪儿。[1]你想好了吗？

李钟文：我就是来找你商量的。我是第一次来中国。

望　月：可我除了去过几个南方城市以外，北方城市都没去过。[2]

李钟文：我们国家大部分地方都是山，我从来没见过大草原的景色，也没骑过马。说实话，我对烤肉也很有兴趣。[3]

望　月：我知道了，你想去草原骑马、吃烤肉。行！你去哪儿，我就去哪儿。[4]咱俩一起去。

2 黄　勇：你可以选两个地方，先去洛阳或者大同，然后再去草原。

飞　龙：好主意！这样既可以游览名胜古迹，又可以骑马看草原。[5]

黄　勇：洛阳、大同去一个就行了，你打算去哪儿呢？

飞　龙：当然是洛阳了。除了可以游览龙门石窟以外，还可以去少林寺。

黄　勇：说实话，如果我是你，我就去大同，春天的时候再去洛阳。

飞　龙：你说具体一点儿。

黄　勇：大同的云冈石窟也非常有名，而且跟洛阳比，大同离北京比较近。

飞　龙：你说的也对。对了，你刚才说春天去洛阳，为什么？

黄　勇：等你去了，你就知道了。[6]快去报名吧，除了你，其他人都报名了。

3 　　为了让留学生的学习生活更加丰富，学院要组织大家去外地旅游，一共有三个地方：内蒙古草原、大同和洛阳。上星期办公室给每个同学都发了一份旅行计划，向大家介绍游览内容和时间安排。这几天同学们都在讨论去哪儿旅游。喜欢自然风光的想去草原，喜欢古迹的想去大同，喜欢中国武术的想去洛阳。可是更多的人对三条路线都有兴趣，不知道去哪儿好。

注释 NOTES

1 　不过我还没想好去哪儿。

　"好"作结果补语，表示动作达到完善的地步。例如：

"好" is a complement of result used to indicate that an action has reached perfection, e.g.,

> ① 小红，今天咱俩去哪儿玩儿？你想好了吗？
> ② 这台空调能修好吗？
> ③ 大家坐好，现在上课了。

2 　可我除了去过几个南方城市以外，北方城市都没去过。

　"除了……（以外）"，介词短语，有两个用法：

The prepositional phrase "除了……（以外）" can be used in two ways：

　（1）"除了A（以外），B（都）X"，强调B都有X的情况，可是A是特殊的，没有X情况。有时强调A是唯一的，后边用"没有"。例如：

"除了A（以外），B（都）X" is used to emphasize that B is in the situation of X. but A isn't. Sometimes this structure is used to emphasize A is the only one and "没有" is used in the main clause，e.g.,

> ① 除了他骑自行车去以外，我们都坐公共汽车去。
> ② 除了冬天冷一点儿以外，这儿的气候很不错。
> ③ 除了爱珍以外，没有人去过那个地方。

（2）"除了A（以外），还 / 也 B"，表示有 A 情况，而且有 B 情况。A 是人们已知道的、比较一般的情况，B 是一般人不知道的、比较特殊的要补充的情况。例如：

"除了A（以外），还 / 也 B" means besides the situation A there is also situation B. A refers to something everybody knows or something quite common, whereas B usually refers to something people don't know or something quite special, e.g.,

④ 我们这儿除了中文书以外，还有外文书。
⑤ 小明除了爱吃肉，也爱吃蔬菜。
⑥ 除了她以外，还有两个同学也说错了。

3 说实话，我对烤肉也很有兴趣。

这里的"说实话"是插入语，表示说话人让听的人注意他说的是真的、是重要的。与"说实话"意义和用法相同的还有"说真的"等。例如：

Here，"说实话" is a parenthesis expressing the idea that the speaker wants to convince the listener that what he said is true and important. "说真的" has the same meaning，e.g.,

① 说实话，我确实想帮你，可现在……
② 说真的，你要是喜欢她，我可以给你介绍介绍。

4 你去哪儿，我就去哪儿。

前一小句或短语表示后一小句或短语的条件、范围。第一个句子里的"哪儿"是任指的，第二个"哪儿"所指对象随第一个而定。两个"哪儿"指的是同一个对象。其他的疑问代词也可以这么用。例如：

The first clause or phrase indicates the condition or scope of the second clause or phrase. In this sentence, the first "哪儿" refers to any place, whereas the place referred to by the second one is determined by the first. The two "哪儿" refer to the same place. All the other interrogative pronouns can be used in this way，e.g.,

① 哪个商店的东西又好又便宜，哪个商店的人就多。
② 他想怎么办就怎么办，从来不听我们的。
③ 谁愿意去谁去。
④ 你买什么，我们就吃什么。

5 这样既可以游览名胜古迹，又可以骑马看草原。

"既……又……"表示同时具有两个方面的性质或情况，前后的结构常相同。例如：

"既……又……" means that two characteristics or two situations exist at the same time. The former clause and the latter clause are often the same in structure, e.g.,

① 他既不懂英语，又不懂汉语，我们在一起没办法谈话。
② 飞龙既聪明又努力，是个好学生。
③ 这些水果既便宜又好吃，你可以多买点儿。

"既……也……"和"既……又……"差不多，语气上没有"既……又……"强，"也"后表示的是进一步补充说明。

"既……也……" is similar to "既……又……" except that the tone of "既……也……" isn't as strong as that of "既……又……" and the content after "也" gives a further explanation.

6 等你去了，你就知道了。

"等"后边如果跟着一个动词短语或句子，意思是"等到……的时候"或"等到……以后"，后边的句子里常有"就""再"呼应。例如：

If "等" is followed by a verbal phrase or sentence, it means "等到……的时候" or "等到……以后". In the second clause "就" or "再" is often used, e.g.,

① 等他说完了你再说。
② 等写完作业我就去。
③ 等你长大了就明白为什么了。

它的否定形式为："没等……""不等……"。例如：

Its negative form is "没等……" or "不等……", e.g.,

④ 没 / 不等我们坐好，客队就进了一个球。
⑤ 没 / 不等电影结束，很多人就走了。

练习 EXERCISES

一、看图说话（用上"除了……以外"） Talk about the picture using "除了……以外"

二、用"什么／哪儿／……，什么／哪儿／……"完成对话 Complete the dialogues using "什么／哪儿／……，什么／哪儿／……"

1. A：我星期六去长城，你呢？

   B：_____。

2. A：今晚去哪儿吃？

   B：_____。

3. A：你买哪种？

   B：_____。

4. A：学校的运动会，你参加吗？

   B：_____。

5. A：你打算怎么做？

   B：_____。

6. A：你喝点儿什么？

   B：_____。

三、在空格上填上恰当的结果补语　Fill in each blank with proper complement of result

1. 如果想学_____汉语，就要注意学习方法。

2. A：你听_____了吗？

   B：我听_____了，可是我没听_____。

3. 这个练习不难，我们都做_____了。

4. 这本书不是老师说的那种，你买_____了。

5. 我的自行车还没修_____呢。

6. 昨天我学了一首新歌，不过我还没学_____。

7. 他做_____作业，就打_____电视，看了一会儿电视。

8. 昨天我收_____爸爸妈妈写_____我的信了。

四、用下列结构改说句子　Rewrite the sentences using the given structures

> 既……又……　　　又……又……　　　既……也……

1. 这个品种的西瓜既大又甜。

   ⇨ _____。

2. 我还有别的事情，咱们又走又说吧。

   ⇨ _____。

3. 他既当老师，也当学生。

⇨ _____。

4. 你这么做，既好也不好。

⇨ _____。

5. 她又要工作，又要做家务。

⇨ _____。

6. 毛笔既能写字，又能画画儿。

⇨ _____。

▶ 五、用"除了……（以外）"改写句子　Rewrite the sentences using "除了……（以外）"

1. 骑自行车既能锻炼身体，又能省钱。

⇨ _____。

2. 王刚去过日本，也去过欧洲。

⇨ _____。

3. 来北京可以游览名胜古迹，还可以吃北京小吃。

⇨ _____。

4. 我们班马力去大同，别人都去洛阳。

⇨ _____。

5. 刘艳学过英语，没学过别的外语。

⇨ _____。

6. 望月这几天在宿舍学习，哪儿也不去。

⇨ _____。

六、用本课的生词填空 Fill in the blanks with the new words in this lesson

1. 这条 ＿＿＿＿＿＿＿＿ 坐火车比坐飞机方便。

2. 现在很多人喜欢 ＿＿＿＿＿＿＿＿。

3. 这次来北京，我们 ＿＿＿＿＿＿＿＿ 了很多地方。

4. 学校里的生活很 ＿＿＿＿＿＿＿＿，你应该多参加些活动。

5. 这件事别着急做决定，再找几个人 ＿＿＿＿＿＿＿＿ 一下。

6. 日本和美国的代表 ＿＿＿＿＿＿＿＿ 了两国的合作问题。

7. 这次旅行 ＿＿＿＿＿＿＿＿ 得很好，同学们都很满意。

8. 没想到他对电影一点儿 ＿＿＿＿＿＿＿＿ 也没有。

9. 他写了一份内容具体的工作 ＿＿＿＿＿＿＿＿。

10. 以前这个地方的 ＿＿＿＿＿＿＿＿ 环境不太好，现在可大不一样了。

会话 DIALOGUE

完成下列对话 Complete the following dialogue

A：你打算在哪儿请客?

B：＿＿＿＿＿＿＿＿。您觉得哪儿好?

A：如果 ＿＿＿＿＿＿＿＿，就去学校门口的四川饭馆儿。

B：我对辣的不太感兴趣，想吃清淡的。

A：＿＿＿＿＿＿＿＿，那就去西单的日本饭馆儿吧。

B：学校附近不是也有几家日本饭馆儿吗?

A：＿＿＿＿＿＿＿＿，但是 ＿＿＿＿＿＿＿＿。

B：＿＿＿＿＿＿＿＿，我再想想。

A：今天你除了 ＿＿＿＿＿＿＿＿，还请谁了?

B：除了 ＿＿＿＿＿＿＿＿，差不多都请了。

第 **8** 课 生活服务

生词 NEW WORDS

1	师傅	shīfu	名	*polite title for one with accomplished skill*
2	光临	guānglín	动	to come
3	衬衫	chènshān	名	shirt
4	外套	wàitào	名	overcoat, outer wear
5	袖子	xiùzi	名	sleeve
6	注意	zhùyì	动	to pay attention
7	尽量	jǐnliàng	动	to do one's best
8	稍微	shāowēi	副	a bit, a little
9	毛病	máobìng	名	problem
10	小心	xiǎoxīn	形/动	careful; to be careful
11	屏幕	píngmù	名	screen

12	显示	xiǎnshì	动	to display, to show
13	厉害	lìhai	形	fierce
14	裂	liè	动	to crack, to split
15	响	xiǎng	动	to ring, to make a sound
16	接听	jiētīng	动	to answer (a phone)
17	趟	tàng	量	*a measure word indicating trip or trips made*
18	行业	hángyè	名	industry
19	发展	fāzhǎn	动	to develop
20	竞争	jìngzhēng	动	to compete
21	的确	díquè	副	really
22	档	dàng	名	grade
23	小吃	xiǎochī	名	snack
24	摊儿	tānr	动	stall
25	糟	zāo	形	terrible

课文 TEXTS

1 师　傅：你好！欢迎光临！

爱　珍：你好！我干洗几件衣服。

师　傅：好的。两件衬衫，一条裤子，一条裙子，一件外套，一共
　　　　五件。放这儿吧。

爱　珍：师傅，什么时候可以取？

师　傅：一般三天之后取，急着穿的话，两天也行。[1][2]

爱　珍：能不能再快点儿？特别是那条裙子，[3]我急着穿。

师　傅：这样的话，每件衣服加五块钱。

爱　珍：好吧，我明天中午来取。对了，外套左袖子上有一块儿油
　　　　渍，洗的时候注意一下。

师　傅：好的，我们尽量给您洗，但是不一定能洗干净。

爱　珍：一共多少钱？

师　傅：八十五块。

2　飞　龙：师傅，麻烦你帮我看看我的手机。

师　傅：您稍微等一下，这就来。[4]什么毛病？

飞　龙：不小心摔了一下，屏幕黑了，什么都不显示了。

师　傅：摔得挺厉害的，这儿都裂了。来电话还能响吗？

飞　龙：能听见响，可是没法接听。

师　傅：那还好，里面没摔坏，换个屏幕就行。

飞　龙：换个屏幕多少钱？

师　傅：贵的四百，便宜的二百。

飞　龙：我正要换新手机，先随便换个便宜的吧。麻烦您快点儿，
　　　　我急着用。

师　傅：好，过二十分钟来取。

飞　龙：好，我出去一趟，[5]取点儿钱。

3　　　　北京的服务行业这些年发展很快，竞争得也很厉害。不过，
老百姓的生活的确方便多了。[6]就拿吃饭来说吧，[7]有高档的大酒
店，也有低档的小饭馆儿。如果你愿意的话，有时还可以花十几
块钱在路边的小吃摊儿吃饭，既便宜又方便。不过，你千万要小
心，有的小吃摊儿卫生条件不太好，要是吃坏了肚子，那就糟
啦。你说是不是？

注释 NOTES

1 急着穿的话，两天也行。

"急着 + 动词"，意思是很着急地做某事或要做某事。动词是"急着"的目的。例如：

"急着 + verb" means that one anxiously wants to do something. The verb is the aim of "急着", e.g.,

> ① 早上我急着去教室，忘了带钥匙。
>
> ② 别急着走啊，再坐会儿。
>
> ③ 他一进门就急着问："你看见老王了吗?"

💬 **注意**："笑着回答""坐着上课"等与此不同。它们的意思是"回答的时候在笑""上课的时候坐在那里"。

NB: "笑着回答" and "坐着上课" are different cases. Their meanings are "smiling while answering" and "sitting when having a class".

2 急着穿的话，两天也行。

"……的话"，假设复句的又一种形式，它前边可以有"如果""要是""假如"等表示假设的词。常用于口语。例如：

"……的话" is another form of hypothetical compound sentences. Before it one can use "如果", "要是" or "假如". "……的话" is often used in spoken Chinese, e.g.,

> ① 你去不了的话，可以让别人去。
>
> ② 做这个工作不认真的话，就会出错。
>
> ③ 如果吃中药有效的话，就不用做手术了。
>
> ④ 要是你不相信的话，那就算了。

3 特别是那条裙子……

"特别是"用于从同类事物中提出最突出的部分进行说明。后边常用名词或动词。例如：

"特别是" is used to introduce the most prominent one in a category. A noun or a verb is often used after it, e.g.,

① 我们班同学进步都很快，特别是望月。

② 今年情况比较好，粮食产量比去年增加了三分之一。

③ 我不喜欢做饭，特别是包饺子，麻烦死了。

4 您稍微等一下，这就来。

"稍微"表示数量不多或程度不深。

"稍微" means that the quantity is small or the degree is low.

（1）稍微+动词。动词常重叠，或它前边有副词"一"，或后边有"一会儿""一些""一下"等。例如：

"稍微 + verb". The verb is often reduplicated, or there is the adverb "一" going before it or "一会儿"，"一些" or "一下" going after it, e.g.,

① 老师马上就来，你们稍微等一等。

② 这个书包的带子不结实，稍微一用力就断了。

（2）稍微 + 形容词 / 动词 + 一点儿 / 一些。例如：

"稍微 + adjective / verb + 一点儿 / 一些", e.g.,

③ 我比她稍微高一点儿。

④ 最近老董的身体稍微好一些了。

⑤ 往汤里稍微加一点儿盐，味道会更好。

（3）稍微 + 不 + 形容词 / 动词。常用的词有"注意""小心""留神"等，后边用"就"引出结果。例如：

"稍微 + 不 + adjective / verb". The adjectives and verbs often used in this structure are "注意"，"小心"，"留神"，etc., and "就" is often added to indicate the results, e.g.,

⑥ 路很滑，稍微不小心就会摔倒。

⑦ 汉语的虚词比较复杂，稍微不注意，就可能用错。

5 我出去一趟……

这里的"趟"是动量词，用于表示一去一来的动作，一去一来就是一趟，与数词一起作动量补语。例如：

Here"趟"is a verbal measure word. It is used to express one coming-and-going. Together with a numeral, they function as a complement of frequency, e.g.,

① 昨天李钟文去了一趟超市。
② 周末我打算回一趟家。
③ 我找了飞龙三趟，他都不在。

6 老百姓的生活的确方便多了。

"形容词 + 多了"意思是相差的程度大，表示变化或比较。例如：

"Adjective + 多了" means that the difference is big. It expresses a change or a comparison, e.g.,

① 这孩子比以前胖多了。
② 有他参加，我们的晚会就热闹多了。
③ 跟大商场比，有的东西在网上买便宜多了。

💬 注意：这种句子里，常说出比较的对象。如果没说，则比较的对象一般是说话人、听话人都知道的。例如：

NB: In this kind of sentences, there often goes the object that is being compared. If the object is not mentioned, it is generally something both the speaker and the listener know, e.g.,

A：怎么样了？
B：好多了。（比较的对象是"上次"或"昨天"等）

7 就拿吃饭来说吧……

"拿……来说"是用来举倒说明自己所说的情况是真实的，看法是正确的。"拿……来说"中间可以放名词、名词性词组或动词性词组。例如：

"拿……来说" is a common way to give an example to illustrate what was said is true or correct. One can put a noun, a noun phrase, or a verbal phrase between "拿" and "来说", e.g.,

① 我们班每个人都有自己的爱好，拿李钟文来说吧，他是个电脑迷。

② 不同地方的人有不同的口味，拿陕西人来说，就喜欢吃酸辣的。

③ 现在一家人都听孩子的，拿看电视来说，孩子要看什么大人们就得看什么。

练习 EXERCISES

一、看图说话（用上"……的话"） Talk about the pictures using "……的话"

▶ 二、用"特别是"完成对话 Complete the dialogues using "特别是"

1. A：你们这儿是不是经常下雨？
   B：对，_____。

2. A：我发现望月他们班的同学都特别喜欢打球。
   B：是的，_____，各种球都会打。

3. A：这个饭馆儿的菜味道太重了。
   B：嗯，_____，又咸又辣。

4. A：你是用什么办法减肥的？
   B：每天多吃蔬菜，少吃主食，_____。

▶ 三、用括号中的词语完成句子 Complete the sentences using the words in the brackets

1. 我们学校的生活很方便，_____。 （拿……来说）
2. 飞龙觉得汉语很难，_____。 （拿……来说）
3. 开车的时候一定要小心，_____。 （稍微）
4. 这篇作文写得不错，只是有些小问题，_____。
   （稍微）
5. 那家超市里的东西_____。 （多了）
6. 李钟文早上一起床_____。 （急着）
7. _____，最好去医院看看。 （厉害）
8. 他一边走一边看手机，_____。 （小心）

▶ 四、选择动量补语完成句子 Choose the correct complement of frequency to complete the sentences

> 一次　　一趟　　一下

1. 哎呀，没有盐了，老王，你跑 ＿＿＿＿＿＿＿＿＿，买一包盐来。

2. 我只见过安娜 ＿＿＿＿＿＿＿＿。

3. 请你解释 ＿＿＿＿＿＿＿ 这个词的意思。

4. 那儿交通不方便，回去 ＿＿＿＿＿＿＿ 挺不容易的。

5. 好，我买了，麻烦您给包 ＿＿＿＿＿＿＿ 吧。

五、用本课的生词填空 Fill in the blanks with the new words in this lesson

1. 本店今天开业，欢迎朋友们 ＿＿＿＿＿＿＿。

2. 老董从来不抽高 ＿＿＿＿＿＿＿ 烟。

3. 这几年北京的旅游业 ＿＿＿＿＿＿＿ 得很快。

4. 今天点菜点得太多了，大家 ＿＿＿＿＿＿＿ 多吃呀，吃不完就浪费了。

5. 有 1000 个毕业生报名参加这次考试，＿＿＿＿＿＿＿ 得很厉害。

6. 师傅，您看看我的手表出什么 ＿＿＿＿＿＿＿ 了，怎么不走了？

7. 大家游览的时候，既要看景色，也要 ＿＿＿＿＿＿＿ 脚下的路。

8. 我长胖了一些，以前的衣服穿起来都 ＿＿＿＿＿＿＿ 小了点。

会话 DIALOGUE

完成下列对话 Complete the following dialogue

A：师傅，您看看 ＿＿＿＿＿＿＿。

B：这洗衣机怎么了？

A：＿＿＿＿＿＿＿。

B：放这儿吧。

A：要多少钱？

B：我看了以后 ＿＿＿＿＿＿＿。

A：＿＿＿＿＿＿＿＿＿＿？

B：一个星期吧。

A：能不能快点儿？＿＿＿＿＿＿＿＿＿。

B：你想快点儿的话，＿＿＿＿＿＿＿＿＿。

A：行，可是别太贵了。

B：要是比买新的还贵的话，＿＿＿＿＿＿＿＿＿。

第 9 课 北京的市场

 生词 NEW WORDS

1	电器	diànqì	名	electric appliance
2	商城	shāngchéng	名	shopping mall
3	品种	pǐnzhǒng	名	variety
4	逛	guàng	动	to have a walk
5	要不	yàobù	连	or else, otherwise
6	正好	zhènghǎo	副/形	just
7	陪	péi	动	to accompany
8	讲价（钱）	jiǎng jià (qian)		bargain
9	全	quán	形	whole, all
10	统一	tǒngyī	动	to unite
11	网店	wǎngdiàn	名	online store

12	批发	pīfā	动	to wholesale
13	市场	shìchǎng	名	market
14	生活	shēnghuó	名/动	life; to live
15	用品	yòngpǐn	名	necessities
16	受骗	shòu piàn		to be cheated
17	骗	piàn	动	to cheat
18	瞧	qiáo	动	to take a look
19	不用	búyòng	副	no need
20	不如	bùrú	动	to be not as good as
21	货	huò	名	goods
22	拎	līn	动	to carry
23	网购	wǎnggòu	动	to shop online
24	乐趣	lèqù	名	pleasure
25	各种各样	gè zhǒng gè yàng		all kinds of
26	家具	jiājù	名	furniture
27	下单	xià dān		to place an order
28	付款	fù kuǎn		to pay
29	快递	kuàidì	名/动	express delivery; to deliver
30	质量	zhìliàng	名	quality

 课文 TEXTS

1 飞　龙：我想换个新手机，去哪里买比较好？

　　黄　勇：离学校不远有个苏宁电器商城，那里手机品种很多，可以
　　　　　　去那里逛逛。

飞　龙：这个苏宁电器商城怎么走？

黄　勇：要不这样吧，[1]我正好要买电脑，[2]我陪你去一趟。

飞　龙：那太好了，你顺便帮我讲讲价。

黄　勇：那是中国最大的电器连锁店，全国价格统一，不讲价。

飞　龙：那价格是不是挺贵呢？

黄　勇：不贵，跟网店的价格差不多。品种很多，有便宜的。

飞　龙：我只想买个一千多的。[3]

2　A：听说附近新开了个批发市场，卖的都是日常生活用品。[4]

　　B：你是不是又想花钱了？

　　A：批发市场里东西便宜，还能讲价，花不了多少钱。

　　B：小心点儿吧，在批发市场买东西可能会受骗。

　　A：那可不一定，要不你陪我去瞧瞧。

　　B：你真不用去了，[5]那儿我去过，东西真不如大商场的好。[6]

　　A：这我知道，一分价钱一分货嘛。

　　B：要想便宜可以在网上买啊，还不用自己跑过去，再大包小包地拎回来。

　　A：这你就不懂了，网购不如逛市场有乐趣。

3　　　现在买东西越来越方便了，有大商场，有超市，有小商店，还有各种各样的批发市场。如果没有时间逛商店，也可以上网，在网店买东西。网店卖什么的都有，吃的、穿的、用的，手机、电脑、家具……在网上选好想买的东西，下单付款，过两天快递公司就会把东西送到你家里。不过网购一定要小心，不小心就可能买到质量不好的东西。

注释 NOTES

1 要不这样吧……

（1）"要不"，意思是"如果不这样"，表示对前边说过的情况做假设的否定，引出假设的结果。常用于口语。例如：

"要不", meaning "otherwise", is used when making hypothetical negation about what was said previously and then giving the result under that hypothesis. It is often used in spoken Chinese, e.g.,

① 这么晚了，赶快回家吧，要不家里会不放心的。（如果不赶快回家）
② 赶快走，要不就赶不上火车了。（如果不赶快走）
③ 你来接我太好了，要不我一个人怎么拿这些行李呀？（如果你不来接我）

（2）表示选择。口语中常用来提出建议。例如：

Expressing choices. It is often used to make suggestions in spoken Chinese, e.g.,

④ 要不 7 块（钱）吧，我买俩。
⑤ 吃饺子太麻烦了，要不吃面条儿吧。
⑥ 已经 12 点了，要不你今天就住在我家吧。

2 我正好要买电脑……

（1）"正好"作副词，表示刚好，恰巧。例如：

"正好" used as an adverb, means "just right, be lucky coincidence", e.g.,

① 想找个人陪我去逛逛商店，正好你来了。
② 李钟文坐在操场旁边看书，一个篮球正好打在他头上。

（2）"正好"作形容词，表示时间、数量、尺寸、位置等非常合适。例如：

"正好" used as an adjective, expresses that the situation, time, quantity, size or position, etc. is very suitable, e.g.,

③ 老王走进办公室的时候正好 8 点。

④ 您看，不多不少，正好两斤。

⑤ 43 号的鞋，我穿正好。

3 我只想买个一千多的。

"多"用在数词或量词后，表示概数。例如：

When "多" is used after a numeral or a measure word, it indicates an approximate number, e.g.,

① 我们已经学了一百多个生词了。

② 老董吃涮羊肉，一顿能吃二斤多。

③ 今年的产量比去年增加了一倍多。

4 听说附近新开了个批发市场，卖的都是日常生活用品。

"听说"意思是"听别人说"，说明确定或不确定的消息来源。例如：

"听说" means "听别人说" (told by others) and expresses definite or indefinite source of the news, e.g.,

① 听说这家商店正在大减价，咱们去看看吧。

② 这个周末有很多电影明星要来咱们学校，你听说了吗？

5 你真不用去了……

"不用"有"别""不要""不必"或"不需要"的意思，表示没有必要。例如：

"不用" has the same meaning as "别"，"不要"，"不必" or "不需要". It expresses that there is no need to do something, e.g.,

① 我自己的事不用别人管。

② 你不用为了这么一点儿小事生气。

③ 我们这儿人手已经够了，不用请人帮忙了。

④ 书我已经买到了，你不用帮我借了。

🗨 **注意**：这里的"用"一般不用于肯定句，常用在问句或反问句里。例如：

NB: This usage of "用" does not usually apply to affirmative sentences, but often to interrogative or rhetorical questions. e.g.,

⑤ 在走以前，我用不用给你打电话？

⑥ 这还用说？我一定帮你办！

6 东西真不如大商场的好。

"不如"用于比较。有两种基本格式：

"不如" is used to express comparison. There are two basic structures：

（1）"A 不如 B"。A、B可以是代词、名词、动词或短语，意思是"B 比 A 好"。例如：

"A 不如 B" means that B is better than A. A and B can be pronouns, nouns, verbs or phrases，e.g.,

① 他们班不如我们班。

② 他们的不如我的。

③ 奶奶的身体不如以前了。

④ 去近的地方，坐车不如骑车。

（2）"A 不如 B + 形容词 / 动词 / 动词短语"。例如：

"A 不如 B + adjective / verb / verbal phrase"，e.g.,

⑤ 骑车不如坐车快。

⑥ 这个学期的学生不如上个学期多。

⑦ 这篇作文不如那篇写得好。

⑧ 今天的菜炒得不如昨天好。

练习 EXERCISES

一、用"要不"完成句子 Complete the sentences using "要不"

1. 学外语应该学了就用，_____。

2. 上课别迟到，_____。

3. 学习汉语一定要学好发音，_____。

4. 有不明白的地方一定要问，_____。

5. 晚上早点睡，_____。

二、用"不如"说句子 Rewrite or complete the sentences using "不如"

例 Example

小王 1.75 米，小李 1.72 米。　小李不如小王高。

1. 李钟文唱歌唱得很好，飞龙唱歌唱得一般。

_____。

2. 这种西瓜甜，那种不太甜。

_____。

3. 爱珍是班里说汉语最流利的学生。

_____。

例 Example

今天不如昨天凉快。

1. 今天没课，在宿舍睡觉_____。

2. 以前中国人认为女孩儿_____，所以很多地方的人都喜欢生男孩儿。

3. 我觉得北海公园的风景_____。

三、选择合适的词语填空 Choose the correct word to fill in each blank

1. 他被那儿美丽的景色迷＿＿＿＿＿＿＿＿了。　　　　（住 好 上）

2. 现在很多孩子都迷＿＿＿＿＿＿＿＿了网络游戏。　（住 好 上）

3. 他说得＿＿＿＿＿＿＿＿没错。　　（一点儿也 很 有点儿）

4. 他很小的时候＿＿＿＿＿＿＿＿开始学英语了。　（才 从来 就）

5. 他们说话的时候，爱珍正好＿＿＿＿＿＿＿＿。

　　　　　　　　　　　　　（听不见 听见了 听得见）

6. 昨天上课飞龙＿＿＿＿＿＿＿＿老师批评了。　　　（让 被 把）

7. 香山太远了，＿＿＿＿＿＿＿＿咱们去圆明园吧。（就 要不 而）

8. 明天的考试很容易，大家＿＿＿＿＿＿＿＿准备很长时间。

　　　　　　　　　　　　　　（要不 不用 听说）

四、在第7课我们介绍了旅行计划，这里我们可以用"不如""要不"再来谈谈旅行计划 We learned about tour plans in Lesson Seven. Now talk about a tour plan according to the picture using "不如" and "要不"

☐ "你去哪儿？"

☐ "为什么？"

☐ "你说呢？"

☐ 你们的决定。

北京→龙门石窟→少林寺→黄河　　北京→云冈石窟→黄土高原

▶ **五、用所给词语完成每组对话** Complete each dialogue using the given word

1. A：你知道哪儿可以游泳吗？

   B：＿＿＿＿＿＿＿＿＿＿＿＿＿＿＿＿＿＿＿＿＿＿。（听说）

   （不知道；飞龙可能知道）

2. A：＿＿＿＿＿＿＿＿＿＿＿＿＿＿＿＿＿＿＿＿＿＿。（听说）

   （一个朋友告诉他……）

   B：是吗？要不，咱们今天晚上去看看。

3. A：要不，我下午再来一趟吧。

   B：＿＿＿＿＿＿＿＿＿＿＿＿＿＿＿＿＿＿＿＿＿＿。（不用）

   （可以打电话）

4. A：这个练习要做吗？

   B：＿＿＿＿＿＿＿＿＿＿＿＿＿＿＿＿＿＿＿＿＿＿。（不用）

   （当然）

5. A：大同的云冈石窟怎么样？

   B：＿＿＿＿＿＿＿＿＿＿＿＿＿＿＿＿＿＿＿＿＿＿。（正好）

   （不太清楚，你可以问望月）

6. A：老师刚才说什么？

   B：＿＿＿＿＿＿＿＿＿＿＿＿＿＿＿＿＿＿＿＿＿＿。（正好）

   （我也不知道）

▶ **六、用本课的生词填空** Fill in the blanks with the new words in this lesson

1. 这里的鞋子＿＿＿＿＿＿＿非常多。

2. 只要有时间，她就喜欢＿＿＿＿＿＿＿商店。

3. 你不是想了解那里的情况吗？小王＿＿＿＿＿＿＿是从那里来的。

4. 她从来不 _____ ，因为她觉得网店的东西 _____ 不好。

5. 姐姐觉得逛批发市场是一种 _____ 。

6. 爸爸妈妈都很忙，没有时间 _____ 孩子玩儿。

7. 那个人 _____ 了我 200 块钱。

8. 好 _____ 不便宜，便宜没好 _____ 。

会话 DIALOGUE

▶ 你去什么样的地方买什么样的东西？为什么？Where are you going to buy the following articles? Why?

地方	东西	理由
普通百货商店 中高档大商场 连锁店、超市 各种批发市场	蔬菜、水果 食品 牙膏、香皂等日用品 袜子、内衣等 毛衣、外衣、鞋 电器 文具	价钱 质量 人数 讲价 种类 ……

第 10 课 为了健康

生词 NEW WORDS

1	鞋带	xiédài	名	shoelace
2	系	jì	动	to tie
3	无论如何	wúlùn rúhé		whatever
4	得	děi	助动	to have to
5	减肥	jiǎn féi		to lose weight
6	得	dé	动	to get
7	广告	guǎnggào	名	advertisement
8	产品	chǎnpǐn	名	product
9	绝对	juéduì	形/副	absolute; absolutely
10	既然	jìrán	连	since
11	算了	suàn le		let it be

12	许	xǔ	动	to allow
13	电梯	diàntī	名	elevator, lift
14	支	zhī	量	*a measure word for long, thin objects*
15	万一	wànyī	副	just in case
16	管	guǎn	动	to manage, to concern
17	严	yán	形	strict
18	肯定	kěndìng	形/副	sure; surely
19	本来	běnlái	副	originally
20	游戏	yóuxì	名	game
21	成绩	chéngjì	名	score
22	下降	xiàjiàng	动	to get worse
23	视力	shìlì	名	eyesight

● 专名

1	老董	Lǎo Dǒng	*name of a person*
2	老王	Lǎo Wáng	*name of a person*
3	妻管严	Qīguǎnyán	hen-pecked husband (a homophone for "bronchitis (气管炎)" in Chinese)
4	小明	Xiǎo Míng	*name of a person*

 课文 TEXTS

1 爱　人：瞧你现在胖得！连鞋带都要我帮你系。[1]无论如何，你得减肥！

老　董：是啊，是啊！可像我这样的人怎么减肥都没用。[2]

爱　人：那也得想办法减。如果不减肥，你会得很多病的。

老　董：你看这广告！"减肥灵"，新产品。要不，我试试？

爱　人：我看哪，这些药都没什么用。

老　董：你说得太绝对了吧？[3]

爱　人：那你说为什么现在的胖子一天比一天多？[4]

老　董：既然吃药也没用，那就算了。[5]

爱　人：不行。从明天起，不许你坐电梯了，每天爬楼梯！

2 老　王：这不是老董吗？怎么，电梯坏了？

老　董：不是，我现在开始减肥了。来，抽支烟。

老　王：不不不。万一让我爱人知道了，就麻烦了。[6]

老　董：你怎么成了"妻管严"了？

老　王：你别说我了，你天天爬楼梯减肥，肯定也是你爱人的主意。

老　董：这谁都知道，她是为我好，怕我得病。

老　王：我爱人也是一样啊！我得回去了，你慢慢儿爬吧。

老　董：累死我了，我得先抽一支，歇一会儿。

3　　　小明10岁生日的时候，爸爸妈妈给他买了一台电脑。本来是为了帮他学习的，可没想到小明迷上了玩儿游戏，一玩儿就是好几个小时。[7]爸爸妈妈说什么他都不听。最近的一次考试，小明的成绩下降了很多，而且他的视力也一天比一天差。爸爸妈妈很着急，决定不让他再玩儿了。不能玩儿游戏了，小明这两天急得饭也吃不香、觉也睡不好。看着儿子不说、不笑的样子，爸爸妈妈不知道怎么办才好。

注释 NOTES

1 连鞋带都要我帮你系。

这是一种表示强调的方法。"连"和"也／都"之间可以放名词、动词、句子或数量词组（数词只能是"一"）。例如：

This is a way of emphasizing something. Between "连" and "也／都" one can put a noun, a verb, a sentence or a phrase of numeral-classifier compound (the numeral can only be "一"), e.g.,

① 他今天早晨起晚了，连早饭都没吃就走了。（强调他走得很急）
② 他的汉字写得太差了，连小孩儿的字都不如。（强调他的汉字写得很差）
③ 这个名字我连听也没听说过，当然不认识了。（强调我对这个人很陌生）
④ 他连我心里想什么都能猜到。（强调他对我非常了解）
⑤ 这孩子很害羞，见了生人连一句话也不敢说。（强调这个孩子很害羞）

2 可像我这样的人怎么减肥都没用。

"谁／哪儿／什么／怎么／……＋也／都……"，这是一种表示强调的方法。这时的"谁／哪儿／什么／怎么"不表示疑问，它们表示在一定范围内所有的人、地方、事物、方法等。在肯定句里一般用"都"，否定句里用"都"或"也"都可以。例如：

"谁／哪儿／什么／怎么／……＋也／都……" is a way to show emphasis. Here, "谁／哪儿／什么／怎么" are not to ask questions but to denote all the people, places, things or methods within a certain scope. In affirmative sentences one usually uses "都", whereas in negative sentences both "都" and "也" can be used, e.g.,

① 我们班谁都没去过洛阳。
② 这种衣服哪儿都有卖的。
③ 他一天到晚看电视，什么节目都看。
④ 这个字太复杂了，我怎么也写不对。

3 你说得太绝对了吧？

（1）"绝对"常用作形容词，表示某种情况在任何条件下、任何时候都是如此。例如：

"绝对" often used as an adjective means that something goes in such a way no matter what happens，e.g.,

> ① 世界上没有绝对的好人。
>
> ② 你对他的看法太绝对了，他不一定那么坏。

（2）"绝对"还常用作副词，表示完全、一定的意思。例如：

"绝对" can also be used as an adverb meaning "absolute, certain"，e.g.,

> ③ 考试的时候要绝对遵守考场纪律。
>
> ④ 我做的这个菜绝对会受大家的欢迎。
>
> ⑤ 爱珍的字我认识，这绝对不是她写的。

4 那你说为什么现在的胖子一天比一天多？

（1）"一 + 量词 + 比 + 一 + 量词"表示程度不断加深。例如：

"一 + measure word + 比 + 一 + measure word" means that the degree is becoming higher and higher，e.g.,

> ① 北京的发展一年比一年快。
>
> ② 人老了，身体一天比一天差。

（2）比较项不是时间词的时候，表示全部都具有某一特点。有强调的含义。例如：

When what is being compared are not time phrases, this structure emphasizes that all share some characteristics，e.g.,

> ③ 幼儿园里的孩子一个比一个可爱。

5 既然吃药也没用，那就算了。

前边用"既然"提出一个已经成为事实或已经肯定的情况，后边根据这个情况得出结论。例如：

In the first clause "既然" introduces something that has already happened or that has already been affirmed. In the second clause, a conclusion is drawn based on the situation previously mentioned, e.g.,

① 既然你一定要去，我也不说什么了，不过你千万要小心。
② 你既然同意我们的意见，就跟我们一起干吧。
③ 事情既然已经发生了，后悔有什么用呢？

注意："既然"和"因为"的区别。用"既然"的句子重点在后边的结论，常常是说话人主观的想法。用"因为"的句子是说明客观上的原因，没有主观性。例如：

NB: The difference between "既然" and "因为". In the sentence where "既然" appears, the emphasis is put on the conclusion mentioned in the second clause, which is often the subjective thoughts of the speaker. The sentence with "因为" indicates the objective cause, e.g.,

④ 既然（×因为）你让我负责这件事，就应该相信我。
⑤ 因为（×既然）喝酒太多，他的脑子越来越糊涂。

6 万一让我爱人知道了，就麻烦了。

"万一"，是一种假设，表示某种情况发生的可能性极小，但是又担心会发生。用于不希望发生的事。例如：

"万一", introduces a hypothesis, meaning that the possibility that a situation happens is very slight, but one still worries that it may happen. It is used when one doesn't want something to happen, e.g.,

① 我要多带几件衣服，万一天气变冷，不会冻着。

② 这工作小黄也会，万一老王来不了，就让小黄干。

③ 去买飞机票以前最好先打电话问问，万一票卖完了呢？

7 一玩儿就是好几个小时。

"一 + 动词 + 就 + 是 + 数量短语" / "一 + 动词 + 就 + 动词 + 数量短语"，表示每次做某事都会达到某个数量。说话人认为这个数量很多。例如：

"一 + verb + 就 + 是 + quantitative phrase" / "一 + verb + 就 + verb + quantitative phrase" expresses that every time one does something he does it to a certain extent in terms of quantity. The speaker thinks this quantity is very big, e.g.,

① 她爱人经常去外地办事，一去就是一两个月。

② 爱珍特别喜欢吃巧克力，一吃就是十几块。

③ 望月学习很努力，一学就学半天。

④ 我们在一起聊天儿，一聊就聊一晚上。

练习 EXERCISES

一、用所给词语填空 Fill in the blanks with the given words

> 女人 老人 大人 孩子 老师 学生 医生 外国人

1. 连 _____ 都听不懂他的外语，我怎么能听懂。

2. 连 _____ 都知道不能这么做，可是他却这么做了。

3. 怪不得教室里连一个 _____ 都没有，今天放假！

4. 现在连 _____ 都开始踢足球了。

5. 有些流行歌曲很好听，连 _____ 也喜欢听。

6. 连 _____ 的话他也不听，他的病怎么能好呢？

7. 连 _____ 都搬不动那张大桌子，更不用说小孩儿了。

8. 连 _____ 也不认识他的名字，因为汉语里没有这个字。

二、完成下列句子 Complete the following sentences

1. 既然你什么都不知道，_____。

2. 既然你什么都不知道，_____。

3. 既然你什么都不知道，_____。

4. _____，那咱们就喝点儿啤酒吧。

5. _____，那咱们就喝点儿啤酒吧。

6. _____，那咱们就喝点儿啤酒吧。

三、用"什么 / 谁 / 哪儿 / 怎么 / …… + 都……"改写句子 Rewrite the following sentences using "什么 / 谁 / 哪儿 / 怎么 / …… + 都……"

1. 这儿的人都认识刘先生。

   ⇨ _____。

2. 爱珍刚来中国的时候，一句汉语也不会说。

⇨ _____ 。

3. 我找了学校里每一个地方，可是找不到汤姆。

⇨ _____ 。

4. 这种菜可以炒，可以做汤，可以生吃……

⇨ _____ 。

5. 牛肉、羊肉、鸡肉……黄勇都爱吃。

⇨ _____ 。

6. 没有人知道张英去哪儿了。

⇨ _____ 。

7. 这种衣服每个商店都有卖的。

⇨ _____ 。

8. 这把锁我用了各种办法，可是打不开。

⇨ _____ 。

四、用所给词语完成句子 Complete the following sentences using the given words

1. 安娜特别喜欢跳舞，每次参加舞会 _____ 。

（一……就〈是〉……）

2. 老董酒量大极了，喝啤酒 _____ 。

（一……就〈是〉……）

3. 爷爷是十岁的时候来北京的，在这儿 _____ 。

（一……就〈是〉……）

4. 这几年来中国学汉语的外国人 _____。

                  （一……比一……）

5. 你看这些运动员，_____。 （一……比一……）

6. 动物园里的大熊猫 _____。 （一……比一……）

7. 你到北京以后，_____，可以先住在我家。

                         （万一）

8. 这个工作除了老王，小赵也会做，_____。

                         （万一）

9. 带上雨衣吧，_____。   （万一）

10. 下星期姐姐结婚，_____。 （无论如何）

⏩ 五、用本课的生词填空 Fill in the blanks with the new words in this lesson

1. 事情都有好的方面，也有不好的方面，不能想得太 _____。

2. 河里的水真清，要是下去游游泳，_____很舒服。

3. 昨天夜里下了一场大雨，今天早晨气温 _____了不少。

4. 回国的日子 _____定在下月二十号，可是因为没有买到机票，就改到二十七号了。

5. 你这些衣服都不太好看，_____，我不买了。

6. 这个人这么胖，_____不是张英。

7. 这盘虾炒得太咸了，虾 _____的味道都没有了。

8. 老王点点头，给了老董一个 _____的回答。

9. 黄河的水位每年都要 _____几厘米。

10. 买不到奶酪就 _____，可以用黄油。

会话 DIALOGUE

▶ **完成下列对话** Complete the following dialogue

A：这么好吃的肉你怎么不吃啊?

B：_____。

A：你一点儿也不胖，_____。

B：其实，你真应该减减肥了，_____。

A：_____。后来就算了。

B：吃药不行，_____。

A：对，从明天开始，每天早上跑步。

B：还有，别吃太多肉和奶油。

A：_____。

第11课 购物

生词 NEW WORDS

1	包装	bāozhuāng	名	packaging
2	种	zhǒng	量	kind, sort
4	够	gòu	副	quite, enough
5	不同	bùtóng	形	different
6	特点	tèdiǎn	名	feature, characteristics
7	茉莉花	mòlìhuā	名	jasmine flower
8	提神	tí shén		to refresh oneself
9	好处	hǎochù	名	benefit
10	影响	yǐngxiǎng	动	to influence
11	普洱茶	pú'ěrchá	名	pu'er tea
12	牌子	páizi	名	brand

13	最好	zuìhǎo	副	It would be best if...
14	物美价廉	wù měi jià lián		in high quality and inexpensive
15	打折	dǎ zhé		to sell at a discount
16	原价	yuánjià	名	original price
17	现价	xiànjià	名	present price
18	料子	liàozi	名	material for making clothes
19	气质	qìzhì	形	temperament
20	模特儿	mótèr	名	model
21	别致	biézhì	形	unique
22	正	zhèng	形	pure
23	身材	shēncái	名	figure
24	苗条	miáotiao	形	slender
25	皮肤	pífū	名	skin
26	后悔	hòuhuǐ	动	to regret
27	放心	fàng xīn		don't worry
28	多余	duōyú	动/形	to be redundant; unnecessary
29	相信	xiāngxìn	动	to believe
30	行家	hángjiā	名	expert
31	因此	yīncǐ	连	so

课文 TEXTS

1 爱　珍：我想买点儿茶叶送朋友，要包装好一点儿的。

售货员：这些茶叶都挺合适，您想买哪种？

爱　珍：哎呀，品种可够多的。[1]能介绍一下不同茶叶的特点吗？

售货员：绿茶和茉莉花茶天气热的时候喝比较好。它们像咖啡一样，可以提神，更对身体有好处。

爱　珍：那如果下午喝，晚上是不是就睡不着了？

售货员：哦，怕影响睡觉，可以喝普洱茶，还能帮助减肥。

爱　珍：真的？普洱茶多少钱一斤？

售货员：您看看这种，是最有名的牌子，包装也很漂亮。

爱　珍：好是好，不过够贵的。[2]我是个学生，最好买物美价廉的[3]。牌子、包装什么的，差不多就可以。[4]

售货员：这种正在打折，原价二百四，现价一百二。物美价廉。

爱　珍：好，就买这种。

2 爱　珍：你看这件衬衫，料子真好，穿上它肯定特别有气质！

望　月：有气质是有气质，但是颜色太深了，中年人穿更合适。哎，你看这个模特儿身上的红裙子怎么样？

爱　珍：真是太漂亮了！样子挺别致，颜色也正。

望　月：你身材苗条，皮肤也白，穿上一定很好看。拿一条试试吧！

爱　珍：算了，以后再说吧。别忘了，我今天是来买衬衫的。

望　月：好吧，不过你可别后悔呀。

爱　珍：放心，我从来不后悔，以后肯定会有更好的。说了半天，你自己怎么不买呀？

望　月：我正在后悔呢。前几天我刚买了一条裙子，再买就多余了。

爱　珍：对，我也是，从来不买用不着的东西。

3
　　现在买东西的时候真不知道应该相信谁。相信自己吧，自己不可能什么都是行家；相信广告吧，那么多广告又不知道应该相信哪一个；相信商店、售货员吧，他们在你买以前态度都挺好，等你买完以后就不一定了。[5]

　　我买东西主要看质量和价钱是不是合适，颜色、款式什么的，只要差不多就行。[6]不过价钱是不是合适，我常常也不十分清楚。因此，我很想知道别人买东西的时候是怎么决定的。[7]

注释 NOTES

1 品种可够多的。

"够"用在形容词前，后边常跟"的""了"或"的了"，表示达到了某种很高的程度。用"了""的了"时前边常有"已经"，后边还有一个说明变化或表示劝阻的句子。例如：

"够" is used before adjectives. After it "的"，"了" or "的了" often appears. It means having reached a very high degree. "已经" often precedes "够" when "了" or "的了" is used，and then a sentence expressing a change or a dissuasion follows, e.g.,

①出租车司机的工作真是够辛苦的。
②往年的花市已经够热闹了，今年的更热闹。
③他已经够忙的了，别再给他添麻烦了。

否定式不用"的""了"等。例如：

In its negative form, "的" or "了" should not be used, e.g.,

④我的汉语还不够好。

2 好是好，不过够贵的。

"A 是 A" 表示让步，后边常用 "可是" "不过" 或 "就是" 等表示转折的词语。例如：

"A 是 A" indicates concession. A transitional expression such as "可是"，"不过" or "就是" is often used after it, e.g.,

> ① 他胖是胖，可是动作挺灵活。
> ② 亲戚是亲戚，不过不常来往。
> ③ 喜欢是喜欢，就是我不打算买。

有时候用 "A1 是 A2" 的形式，A2 是对 A1 的进一步说明。例如：

Sometimes the construction "A1 是 A2" is used, in which A2 further explains A1, e.g.,

> ④ 听是听清楚了，可是没记住。
> ⑤ 这东西便宜是挺便宜，不过颜色我不喜欢。
> ⑥ 他呀，心是好心，就是用的方法不太好。

3 我是个学生，最好买物美价廉的。

"最好"，惯用语，表示最理想的选择。常用来引出一种建议或劝告。意思是 "这样做比较好"。例如：

"最好" is an idiomatic expression, indicating the best choice. It is often used to introduce a suggestion or an advice. It means "这样做比较好" (it is better to do it this way), e.g.,

> ① 现在办公室的老师快下班了，你最好明天去。
> ② 小孩子最好不要经常玩儿电脑。
> ③ 我觉得这个季节最好去大同。

🗨 注意： "我们班玛丽的口语最好。" 这里的 "最好" 是 "最 + 好"，不是惯用语。"最" 是副词，可以换成 "特别" "非常" 等词语。例如：

NB: In the sentence "我们班玛丽的口语最好"， "最好" is equivalent to "最 + 好"，

which is not an idiom. "最" is an adverb, and can be replaced by "特别", "非常" etc., e.g.,

③ 他觉得去草原最／非常好。

4 牌子、包装什么的，差不多就可以。

"……什么的"用在表示列举的句子里，前边可以是一个事物，也可以是几个事物。意思是"等等"。例如：

"……什么的" is used in sentence of enumeration. Before "什么的", there can be one thing or several things. "什么的" means "等等" (etc.), e.g.,

① 她的书包里装满了口红、粉饼、眉笔什么的。
② 飞龙不喜欢唱歌什么的，就爱打篮球。

"什么的"常用于口语，语气比较轻。一般不用来列举人名和地名。

"什么的" is often used in spoken Chinese and its tone is weak. It's not usually used to enumerate names of people and places.

5 相信自己吧，……相信广告吧，……相信商店、售货员吧，……

"……吧，……吧，……"用于并列复句中。在遇到两种或两种以上的情况可以选择时，考虑每一种情况，并且说出一个否定这个情况的理由。有"拿不定主意"的意思。例如：

"……吧，……吧，……" is used in coordinate compound sentences. When facing two or more choices one can choose from, one considers each choice and then gives a reason against it. It implies that one can't make up his mind, e.g.,

① 晚上做什么饭呢？包饺子吧，太麻烦；做米饭吧，家里的米吃完了。
② 周末去哪儿呢？去公园吧，路太远；去商场吧，人太多。

6 颜色、款式什么的，只要差不多就行。

"只要……就……"用在条件复句中。"只要"后边提出一个充分条件，"就"后边是在这个条件下得到的结果。意思是有这个条件时一定有这个结果。例如：

"只要……就……" is used in conditional compound sentence. "只要" introduces a sufficient condition, and "就" leads to the result obtained when this condition is fulfilled. It means that when this condition is fulfilled this result will be surely obtained，e.g.,

> ① 只要便宜就好，款式、颜色什么的没关系。
> ② 只要你是这个学校的学生，就应该遵守这儿的纪律。
> ③ 只要是报了名的，都可以参加今天的唱歌比赛。

7 因此，我很想知道别人买东西的时候是怎么决定的。

"因此"用在表示结果的句子里，前边的句子有时用"由于"呼应表示原因。"因此"可以用在主语前，有时也可以用在主语后。例如：

"因此" is used to introduce a result. In the sentence preceding it, one may use "由于" to indicate reason. "因此" can be put before the subject and sometimes after it，e.g.,

> ① 我跟他在一起很多年了，因此非常了解他。
> ② 雪融化时吸收热量，气温因此会下降。
> ③ 由于我们做了充分的准备，因此这次旅行很成功。

有时，"没有""也""都"等副词放在"因此"前面。此时相当于"因为这个原因而……"。例如：

Sometimes "因此" can be put after the adverb "没有"，"也" or "都" etc. in a sentence. Then it means "因为这个原因而……" (because of this reason....)，e.g.,

> ④ 这次考试的成绩虽然不太好，但是他没有因此失去信心。
> ⑤ 这次雪下得很大，很多学校都因此放了几天假。

练习 EXERCISES

一、看图回答问题（用上"只要"） Answer the question according to the picture using "只要"

A：你想住什么样的房间？

B：_ _

二、用"……吧，……吧，……"和"最好"完成对话 Complete the dialogues using "……吧，……吧，……" and "最好"

例 Example

A：你想找汉语辅导老师吗？

B：找吧，花钱太多；不找吧，我又需要帮助。

A：我看，你最好找个想学英语的学生，这样可以互相帮助并且省钱。

1. A：你说咱们怎么去？是骑车还是坐车？

B：_ _

A：_ _

2. A：你说我们中午去好还是晚上去好？

B： --

A： --

3. A：周末你打算去香山还是故宫？

B： --

A： --

4. A：晚上咱们去哪儿吃？你想好了吗？

B： --

A： --

5. A：你说，我剪短头发好看，还是留长头发好看？

B： --

A： --

6. A：同学们让你当班长，你当不当啊？

B： --

A： --

7. A：今年寒假你回不回家？

B： --

A： --

8. A：这两家公司，你打算去哪家？

B： --

A： --

三、选择词语填空　Choose the right words to fill in the blanks

1. 望月是我们班＿＿＿＿好的学生。

    A. 最　　　　　　B. 太　　　　　　C. 够　　　　　　D. 极了

2. 这个学校有＿＿＿＿多留学生。

    A. 太　　　　　　B. 最　　　　　　C. 够　　　　　　D. 很

3. 你这儿的价钱＿＿＿＿高的。

    A. 太　　　　　　B. 很　　　　　　C. 够　　　　　　D. 最

4. 那位模特儿的身材＿＿＿＿苗条了。

    A. 最　　　　　　B. 很　　　　　　C. 太　　　　　　D. 够

5. 只要是去过杭州的人，都说那儿的风景美＿＿＿＿。

    A. 太　　　　　　B. 极了　　　　　C. 够　　　　　　D. 最

6. 这辆车＿＿＿＿挤的了，别再上人了。

    A. 太　　　　　　B. 最　　　　　　C. 极了　　　　　D. 够

四、用"A 是 A"回答下边的问题　Answer the following questions using "A 是 A" construction

1. 你的房间怎么样？

    ＿＿＿＿＿＿＿＿＿＿＿＿＿＿＿＿＿＿＿＿＿＿＿＿＿＿＿＿＿＿。

2. 现在的学习累不累？

    ＿＿＿＿＿＿＿＿＿＿＿＿＿＿＿＿＿＿＿＿＿＿＿＿＿＿＿＿＿＿。

3. 那家饭馆儿的四川火锅怎么样？

    ＿＿＿＿＿＿＿＿＿＿＿＿＿＿＿＿＿＿＿＿＿＿＿＿＿＿＿＿＿＿。

4. 学汉语难吗？

    ＿＿＿＿＿＿＿＿＿＿＿＿＿＿＿＿＿＿＿＿＿＿＿＿＿＿＿＿＿＿。

5. 昨天老师讲的故事你听懂了吗? 能不能给我讲讲?

    --。

6. 这双鞋不错, 你说呢?

    --。

7. 我可以借你的自行车骑一下吗?

    --。

8. 你想去西藏旅游吗?

    --。

五、用所给词语完成句子 Complete the sentences using the given words

1. _____, 我都爱吃。 （什么的）

2. 菜市场里摆满了 _____。 （什么的）

3. 考试以前爱珍准备得很认真, _____。 （因此）

4. 这些孩子正在长身体, _____。 （因此）

5. 他一说完这句话, _____。 （后悔）

6. _____, 现在发现他是坏人已经晚了。 （后悔）

六、用本课的生词填空 Fill in the blanks with the new words in this lesson

1. 最近很多商场都在 _____, 东西非常便宜。

2. 这种 _____ 做裙子很合适。

3. 吃减肥药 _____ 健康。

4. 黄勇从来不骗人, 你完全可以 _____ 他。

5. 这个钱包式样真 _____。

6. 这条红裙子 _____ 五百八, _____ 二百四。

7. 你 _____, 下午三点以前一定修好。

8. 张英用什么办法减的肥？＿＿＿＿＿＿比原来＿＿＿＿＿＿多了。

9. 这条裤子的颜色不＿＿＿＿＿＿，不好看。

10. 这个＿＿＿＿＿的手机很好用，也比较便宜，真是＿＿＿＿＿＿。

会话 DIALOGUE

▶ 完成下列对话　Complete the following dialogue

A：您看这套绿衣服，＿＿＿＿＿＿。

B：这颜色年轻人穿合适，我穿＿＿＿＿＿＿。

A：您也不老呀。而且＿＿＿＿＿＿，＿＿＿＿＿＿，穿这身衣服最合适了。

B：＿＿＿＿＿＿，可是太贵了。

A：又要好看，又要便宜，那可太难了。

B：是呀，现在买衣服，＿＿＿＿＿，不便宜；便宜的吧，＿＿＿＿＿＿。

A：＿＿＿＿＿＿，现在打五折，才＿＿＿＿＿＿。

B：＿＿＿＿＿＿，没有毛病吧？

A：＿＿＿＿＿＿，绝对没问题。

B：好，＿＿＿＿＿＿，＿＿＿＿＿＿。

第12课 谈论朋友

生词 NEW WORDS

1	以为	yǐwéi	动	to think
2	研究生	yánjiūshēng	名	postgraduate
3	来着	láizhe	助	*used at the end of affirmative sentences or special questions, indicating a past action or state*
4	突然	tūrán	形	unexpected
5	老实	lǎoshi	形	honest
6	内向	nèixiàng	形	introverted
7	奇怪	qíguài	形	strange
8	脑子	nǎozi	名	brain
9	想法	xiǎngfǎ	名	idea
10	光	guāng	副	only

11	好话	hǎohuà	名	word of praise
12	缺点	quēdiǎn	名	shortcoming
13	当面	dāng miàn		to one's face
14	背后	bèihòu	名	behind one's back
15	优点	yōudiǎn	名	strong point, merit
16	对外	duì wài		external, foreign
17	教学	jiàoxué	动	to teach
18	谦虚	qiānxū	形	modest
19	性格	xìnggé	名	character
20	开口	kāi kǒu		to open one's mouth
21	说不定	shuōbudìng	动/副	to be uncertain; perhaps
22	脾气	píqi	名	temper
23	黄	huáng	形	blond (hair)
24	外向	wàixiàng	形	outgoing, extroverted

● 专名

1	肖强	Xiāo Qiáng	*name of a person*
2	上海	Shànghǎi	*name of a place*
3	意大利	Yìdàlì	Italy

 课文 TEXTS

1 张　英：你知道吗？肖强要去上海工作了。

　　黄　勇：真的吗？我原来一直以为他会考研究生的。[1]

　　张　英：大家都这么想来着，[2]所以我听到他要去上海的消息，也觉得有点儿突然。

黄　勇：可咱们几个人里边，就你最了解他了。

张　英：你们跟他也不错呀。他这人非常老实，有点儿内向。

黄　勇：说起他来，我常常觉得他有点儿奇怪。[3]

张　英：其实他很有脑子，常常有些很新的想法。

黄　勇：呵呵，光听你说他的好话，他没有缺点吗？[4]

张　英：当然有，不过好朋友应该当面说缺点，背后说优点。再说，他的缺点你们也都知道。

黄　勇：对了，他找的是什么工作？

张　英：对外汉语教学。就是教外国人说汉语。

2　飞　龙：我发现望月挺谦虚的。

汤　姆：我也这么想。不过她性格有点儿内向。

飞　龙：可不是嘛！[5]上课时她要是多开口说话，她的口语会更好。

汤　姆：听说她跟日本人在一起时可是爱说爱笑。

飞　龙：那说不定过一段时间，她跟咱们也会又说又笑。[6]

汤　姆：说起来，她的脾气真好，说话的声音也好听。你觉得呢？

飞　龙：对。是个好女孩儿。

3　　我们班左拉是意大利人。他个子高高的，眼睛大大的，头发黄黄的。左拉爱说爱笑，笑的时候声音很大，样子也很好看。他性格非常外向，有什么说什么。大家都喜欢跟他在一起。他学习非常努力，而且很聪明，老师讲一遍他就会了。他一有空就上街去转转，跟中国人说话，特别喜欢跟一些中国老人说话。但是，他有一个缺点，就是爱着急；不过我们班同学都爱看他着急时的样子，非常可爱。

我们班每个同学都非常有意思，你不想认识他们吗？

注释 NOTES

1 我原来一直以为他会考研究生的。

"以为"表示对人或事物做出判断，但是事实证明这个判断不对。例如：

"以为" is employed when judging somebody or something, but the fact proves that this judgement is wrong，e.g.，

① 大家都以为黄勇已经去上海了，其实他还没走。
② 不要以为世界上只有你最聪明。

注意："以为"和"认为"的区别。"以为"一般只用于已被事实证明不正确的判断，"认为"用于正确的判断或还没有被证明是不正确的判断。"认为"前边可以用"让"和"被"，"以为"前边只能用"让"。例如：

NB: The difference between "以为" and "认为"．"以为" is usually only used when the judgement is proved to be wrong, whereas "认为" is used when it is correct or when it hasn't been proved to be incorrect. Before "以为" only "让" can be used, whereas before "认为"，either "让" or "被" can be used，e.g.，

③ 去游乐园被大部分孩子认为（×以为）是最高兴的事。
④ 我认为应该请专家来判断谁的回答对。
⑤ 他的话让大家认为他是对的。
⑥ 小鸟欢快的叫声让人以为春天到了。

2 大家都这么想来着……

"来着"，用在句子末尾，表示已经发生过的事。用"来着"的句子没有否定形式。疑问句中"来着"只能用于用"什么""谁""哪"的特指疑问句。例如：

"来着" is used at the end of a sentence and refers to something that already happened. A sentence with "来着" doesn't have a negative form. "来着" can only be used in special questions with "什么"，"谁"，"哪儿"，e.g.,

> ① 连脸都没洗，这一天你忙什么来着？
> ② 我的书呢？刚才还在桌子上来着。
> ③ 昨天老师在办公室跟你说什么来着？

"来着"用于特指疑问句，还可以表示原来知道可是现在忘了。例如：

When "来着" is used in special questions, it also means "原来知道可是现在忘了" (one knew something before, but has forgotten it now), e.g.,

> ④ 那个演员挺有名的，叫什么来着？
> ⑤ "Qìng"字怎么写来着？

3 说起他来，我常常觉得他有点儿奇怪。

"动词 + 起来"，用在句子前边，作插入语，表示从某一方面估计、判断、考虑。常用的动词有"说""看""想""算""论"等。"起"和"来"之间可以插入其他成分。例如：

"动词 + 起来" is used as a parenthesis at the beginning of a sentence to express an assessment, a judgement or a consideration from a certain aspect. The verbs that are often used with "起来" include "说"，"看"，"想"，"算" and "论"，etc.. Other elements can be inserted between "起" and "来"，e.g.,

> ① 看起来，他是这方面的专家。
> ② 算起来，我们到北京已经一个月了。

③ 论起质量来，这个牌子是最好的。

④ 说起养鱼来，我一点儿也不懂。

4 光听你说他的好话，他没有缺点吗？

（1）副词"光"用在动词或形容词前边，意思是除了某一件事以外，不做别的，或除了某一性质，没有别的。例如：

The adverb "光" is used before a verb or an adjective, meaning "doing nothing else but one" or "having no other feature but one," e.g.,

① 学汉语光上课不够，还要多跟中国人谈话。

② 那孩子见了我们光笑不说话。

③ 生词记不住，光急没有用。

④ 鞋光便宜不行，重要的是结实。

（2）"光"+名词/代词（+数量结构）+"就"+动词+数量结构，意思是在某个范围内达到了很多的数量。例如：

"光" + noun/pronoun (+ quantitative phrase)+ "就" + verb + numeral-classifier construction. It means that in a given scope a very big quantity has been reached, e.g.,

⑤ 他们家书很多，光他一个人就有两百多本。

⑥ 晚会上同学们表演了很多节目，光爱珍就唱了三首歌。

5 可不是嘛！

"可不是（嘛）"，用在对话里，表示同意对方说的话。也可以说成"可不""可不嘛"。句末不用问号。例如：

"可不是（嘛）" is used in a conversation to express an agreement with what has been said by the other party. "可不" and "可不嘛" can also be said to mean the same thing. Question mark is not used at the end of the sentence, e.g.,

① A：这个商店的服务态度太差了。

　　B：可不是嘛。

② A：咱们该去看场电影了。

　　B：可不，好长时间没看电影了。

6 那说不定过一段时间，她跟咱们也会又说又笑。

"说不定"意思是"可能"或"不能肯定"。可以用在主语后，也可以用在句子前边，在对话中也可以单独用。例如：

"说不定" means "可能" (probably) or "不能肯定" (uncertain). It can be used after the subject or at the beginning of a sentence, or alone in a conversation, e.g.,

① 那个姑娘天天来找他，说不定是他的女朋友。

② 到现在还不来，他说不定把这事忘了。

③ 现在还说不定他能不能来。

④ A：怎么还找不到？咱们走错路了吧？

　　B：还真说不定。

练习 EXERCISES

一、用"以为"介绍图的内容　Give a description of each picture using "以为"

_____。

_____。

_____。

_____。

二、根据所给材料，用"再说"对话 Make a dialogue according to the given information using "再说"

例 Example

A：你觉得那个电影怎么样？

B：我不喜欢，太慢了，再说故事内容也不新鲜。

I

- 他来我们班好几天了，也没做自我介绍。
- 老董买的那件衣服料子一般。
- 我觉得那家饭馆儿不太贵。
- 他不想去，因为他已经去过好几次了。
- 学校附近的那家商场人太多了。
- 这种课本本来就比较容易。

Ⅱ

- 他来我们班以后根本没跟别人说过话，我们都不了解他。
- 老董买的衣服太大了。
- 我觉得那家饭馆儿有空调，也很干净。
- 他不想去。因为下星期有考试，他怕耽误时间。
- 学校附近的那家商场东西太贵了。
- 他几年以前学过。

三、用括号中的词语改写句子 Rewrite the sentences with the words in the brackets

1. 太晚了，可能没有公共汽车了。（说不定）

⇨ _____。

2. 咱们去别的市场看看吧，可能会买到更便宜的。（说不定）

⇨ _____。

3. 左拉可能在图书馆。（说不定）

⇨ _____。

4. 我现在不能说他一定会来。（说不定）

　　⇨ _____ 。

5. A：明天的会校长能参加吗？

　　B：现在不能肯定。（说不定）

　　⇨ _____ 。

6. A：你看那个人是干什么的。

　　B：我看他可能是小偷。（说不定）

　　⇨ _____ 。

7. A：该打扫打扫房间了。

　　B：对，咱们房间太乱了。（可不）

　　⇨ _____ 。

8. A：要是再不下雨，就要把人热死了。

　　B：我也这么想。（可不是嘛）

　　⇨ _____ 。

▌▶ 四、用"来着"完成对话　Complete the dialogues using "来着"

1. A：_____ ？

　　B：我去长城了。

2. A：刚才你们干什么了？

　　B：_____ 。

3. A：笔呢？刚才还 _____ 。

　　B：是不是夹在书里了？

4. A：昨天你们去肖强家，那么晚才回来，玩儿什么了？

B：_____。

5. A：_____？

B：我是 C 班的。

6. A：_____？

B：左边一个提手旁，右边一个"斤"字。

五、用所给词语完成句子 Complete the sentences using the given words

1. _____，大家都有很多感想。　　　　（……起来）

2. 每天花 50 块钱美容，_____，可不是小数目。

（……起来）

3. _____，王老师还是我的老师的老师。

（……起来）

4. _____？这么多菜，别剩下了。　　　（光）

5. 书包丢了，_____，赶快想办法去找吧。　（光）

6. 昨天我们喝了很多酒，_____。　　　（光）

7. 张英的衣服特别多，_____。　　　　（光）

8. 晚饭不用特别准备，_____。

（……什么……什么）

9. 我正在房间看书，_____。　　　　（突然）

10. 刚听说左拉要回国时，_____。　　　（突然）

六、用本课的生词填空 Fill in the blanks using the new words in this lesson

1. 小赵的_____有点儿_____，很少_____说话。

2. 小赵的爱人爱说爱笑，非常_____。

3. 对朋友有意见应该_____说出来，不要_____说坏话。

4. 我不小心弄倒了他的自行车，我给他说了很多 ＿＿＿＿＿＿＿＿＿＿，
   他才让我走。

5. 我们每个人有 ＿＿＿＿＿＿＿＿＿，也有 ＿＿＿＿＿＿＿＿＿。

6. 黄勇是个 ＿＿＿＿＿＿＿＿ 人，从来不说假话。

7. 望月的 ＿＿＿＿＿＿＿＿ 好极了，从来不生气。

8. 在我们班，左拉 ＿＿＿＿＿＿＿＿ 最灵，成绩最好。

9. 孩子们经常有一些 ＿＿＿＿＿＿＿ 让大人们觉得很 ＿＿＿＿＿＿＿＿。

10. 张英成绩很好，但她还常常 ＿＿＿＿＿＿＿＿地说："我需要继续
    努力。"

会话 DIALOGUE

▶▶ 完成下列对话　Complete the following dialogue

A：我刚才 ＿＿＿＿＿＿＿＿＿。

B：她长什么样?

A：＿＿＿＿＿＿ 眼睛，＿＿＿＿＿＿＿ 个子，＿＿＿＿＿＿ 头发。

B：＿＿＿＿＿＿＿＿。

A：她一说话就脸红，＿＿＿＿＿＿＿?

B：＿＿＿＿＿＿＿＿＿，等和大家熟悉了可能就不这样了。她学习怎
   么样?

A：＿＿＿＿＿＿＿＿，学什么都是一学就会。

B：她人好吗?

A：＿＿＿＿＿＿＿＿，而且不太谦虚。

B：你怎么 ＿＿＿＿＿＿＿?

A：就是她在这儿，＿＿＿＿＿＿＿。

词汇表

VOCABULARY

A

阿姨	āyí	名	6
安静	ānjìng	形	3
按照	ànzhào	介	6

B

包装	bāozhuāng	名	11
饱	bǎo	形	6
报名	bào míng		7
背后	bèihòu	名	12
本来	běnlái	副	10
便宜	piányi	形	2
别致	biézhì	形	11
冰	bīng	名/形	2
伯父	bófù	名	6
伯母	bómǔ	名	6
不但… 而且…	búdàn…érqiě…		3
不如	bùrú	动	9
不同	bùtóng	形	11
不用	búyòng	副	9
部分	bùfen	名	3
部分	bùfen	名	7

C

猜	cāi	动	1
菜单	càidān	名	2
操场	cāochǎng	名	3
草原	cǎoyuán	名	7
差不多	chàbuduō	副	5
产品	chǎnpǐn	名	10
超市	chāoshì	名	3
吵	chǎo	动	4
衬衫	chènshān	名	8
称呼	chēnghu	动/名	6
成绩	chéngjì	名	10
除了…以外	chúle…yǐwài		7
传统	chuántǒng	名	6
从来	cónglái	副	1
聪明	cōngming	形	1

D

打（车）	dǎ (chē)	动	5
打折	dǎ zhé		11
当面	dāng miàn		12
档	dàng	名	8
倒	dǎo	动	5

得	dé	动	10
得	děi	助动	10
的确	díquè	副	8
地道	dìdao	形	2
点	diǎn	动	2
电器	diànqì	名	9
电梯	diàntī	名	10
堵（车）	dǔ (chē)	动	5
段	duàn	量	1
对	duì	动	4
对外	duì wài		12
多余	duōyú	动/形	11

F			
发	fā	动	7
发现	fāxiàn	动	5
发音	fāyīn	名/动	1
发展	fāzhǎn	动	8
翻译	fānyì	名	1
饭馆儿	fànguǎnr	名	2
方便	fāngbiàn	形	3
放心	fàng xīn		11
份	fèn	量	7
丰富	fēngfù	形	7
风光	fēngguāng	名	7
风味	fēngwèi	名	2
付款	fù kuǎn		9

附近	fùjìn	名	2

G			
敢	gǎn	助动	5
刚刚	gānggāng	副	5
各种各样	gè zhǒng gè yàng		9
公司	gōngsī	名	1
够	gòu	副	11
古迹	gǔjì	名	7
拐	guǎi	动	3
怪不得	guàibude	副	3
关照	guānzhào	动	1
管	guǎn	动	10
光	guāng	副	12
光临	guānglín	动	8
广告	guǎnggào	名	10
逛	guàng	动	9
规矩	guīju	名	6
果汁	guǒzhī	名	2

H			
好吃	hǎochī	形	2
好处	hǎochù	名	11
好话	hǎohuà	名	12
行家	hángjiā	名	11
行业	hángyè	名	8
合适	héshì	形	6
后悔	hòuhuǐ	动	11

华裔	huáyì	名	1		景色	jǐngsè	名	7
环境	huánjìng	名	2		竞争	jìngzhēng	动	8
换	huàn	动	4		具体	jùtǐ	形	7
黄	huáng	形	12		决定	juédìng	动/名	5
货	huò	名	9		绝对	juéduì	形/副	10

J

K

挤	jǐ	形/动	5		开口	kāi kǒu		12
计划	jìhuà	名/动	7		肯定	kěndìng	形/副	10
技术	jìshù	名	5		空调	kōngtiáo	名	4
既	jì	连	4		空儿	kòngr	名	6
系	jì	动	10		快递	kuàidì	名/动	9
既然	jìrán	连	10					

L

家具	jiājù	名	9		辣	là	形	2
家人	jiārén	名	6		来着	láizhe	助	12
减肥	jiǎn féi		10		老实	lǎoshi	形	12
简单	jiǎndān	形	3		乐趣	lèqù	名	9
建议	jiànyì	动/名	5		礼貌	lǐmào	名/形	6
健身房	jiànshēnfáng	名	3		礼物	lǐwù	名	6
讲价（钱）	jiǎng jià (qian)		9		理发店	lǐfàdiàn	名	3
郊区	jiāoqū	名	5		厉害	lìhai	形	8
教学	jiàoxué	动	12		凉快	liángkuai	形	2
接听	jiētīng	动	8		了解	liǎojiě	动	6
结束	jiéshù	动	4		料子	liàozi	名	11
尽量	jǐnliàng	动	8		裂	liè	动	8
京剧	jīngjù	名	1		临	lín	动	4
精神	jīngshen	名/形	4		拎	līn	动	9

流利	liúlì	形	2	骗	piàn	动	9
路	lù	量	5	品尝	pǐncháng	动	6
路线	lùxiàn	名	7	品种	pǐnzhǒng	名	9
旅行	lǚxíng	动	7	屏幕	píngmù	名	8
旅游	lǚyóu	动	7	普洱茶	pú'ěrchá	名	11

M

				Q			
麻烦	máfan	名/形/动	6	其实	qíshí	连	6
毛病	máobìng	名	8	奇怪	qíguài	形	12
苗条	miáotiao	形	11	气质	qìzhì	形	11
名胜	míngshèng	名	7	千万	qiānwàn	副	5
模特儿	mótèr	名	11	谦虚	qiānxū	形	12
茉莉花	mòlìhuā	名	11	瞧	qiáo	动	9

N

拿手	náshǒu	形	2	巧克力	qiǎokèlì	名	6
脑子	nǎozi	名	12	全	quán	形	9
内容	nèiróng	名	7	缺点	quēdiǎn	名	12
内向	nèixiàng	形	12	确实	quèshí	副	2
腻	nì	形	2				

R

				然后	ránhòu	连	1

P

牌子	páizi	名	11	热闹	rènao	形	3
派	pài	动	1	热情	rèqíng	形	2
陪	péi	动	9	如果	rúguǒ	连	6

S

批发	pīfā	动	9	商城	shāngchéng	名	9
皮肤	pífū	名	11	商量	shāngliang	动	7
脾气	píqi	名	12	稍微	shāowēi	副	8
偏偏	piānpiān	副	4	身材	shēncái	名	11

生活	shēnghuó	名/动	9
师傅	shīfu	名	8
石窟	shíkū	名	7
市场	shìchǎng	名	9
市区	shìqū	名	5
视力	shìlì	名	10
受骗	shòu piàn		9
叔叔	shūshu	名	6
舒适	shūshì	形	2
熟悉	shúxī	动	3
顺便	shùnbiàn	副	3
说不定	shuōbudìng	动/副	12
说实话	shuō shíhuà		7
酸	suān	形	2
算了	suàn le		10
随便	suíbiàn	形	3

T

摊儿	tānr	动	8
趟	tàng	量	8
讨论	tǎolùn	动	7
特别	tèbié	副/形	1
特产	tèchǎn	名	6
特点	tèdiǎn	名	11
提神	tí shén		11
体育馆	tǐyùguǎn	名	3
添	tiān	动	6

甜	tián	形	2
挺	tǐng	副	2
同屋	tóngwū	名/动	1
同意	tóngyì	动	4
统一	tǒngyī	动	9
头	tóu	名	3
头疼	tóu téng		2
突然	tūrán	形	12

W

外地	wàidì	名	7
外套	wàitào	名	8
外向	wàixiàng	形	12
完全	wánquán	副	4
万一	wànyī	副	10
网店	wǎngdiàn	名	9
网购	wǎnggòu	动	9
为了	wèile	介	1
味道	wèidao	名	2
味儿	wèir	名	2
无论如何	wúlùn rúhé		10
武术	wǔshù	名	7
物美价廉	wù měi jià lián		11

X

希望	xīwàng	动/名	1
习惯	xíguàn	名/动	4
下单	xià dān		9

下降	xiàjiàng	动	10	沿途	yántú	名	5
先	xiān	副	1	研究生	yánjiūshēng	名	12
咸	xián	形	2	邀请	yāoqǐng	动	5
显得	xiǎnde	动	6	要不	yàobù	连	9
显示	xiǎnshì	动	8	一⋯就⋯	yī⋯jiù⋯		2
现价	xiànjià	名	11	一边⋯	yìbiān⋯		
线路	xiànlù	名	5	一边⋯	yìbiān⋯		1
相信	xiāngxìn	动	11	一定	yídìng	副/形	1
响	xiǎng	动	8	一直	yìzhí	副	4
想法	xiǎngfǎ	名	12	以为	yǐwéi	动	12
小吃	xiǎochī	名	8	因此	yīncǐ	连	11
小卖部	xiǎomàibù	名	3	印象	yìnxiàng	名	3
小心	xiǎoxīn	形/动	8	影响	yǐngxiǎng	动	11
校园	xiàoyuán	名	3	用品	yòngpǐn	名	9
歇	xiē	动	5	优点	yōudiǎn	名	12
鞋带	xiédài	名	10	游览	yóulǎn	动	7
兴趣	xìngqù	名	7	游戏	yóuxì	名	10
醒	xǐng	动	4	原价	yuánjià	名	11
性格	xìnggé	名	12	原来	yuánlái	副/形	3
兄	xiōng	名	6	越⋯越⋯	yuè⋯yuè⋯		2
袖子	xiùzi	名	8	越来越	yuè lái yuè		1
许	xǔ	动	10	**Z**			
选择	xuǎnzé	动	6	再说	zàishuō	动	4
学院	xuéyuàn	名	7	糟	zāo	形	8
Y				正	zhèng	副/形	4
严	yán	形	10	正	zhèng	形	11

正好	zhènghǎo	副/形	9
支	zhī	量	10
职员	zhíyuán	名	1
质量	zhìliàng	名	9
种	zhǒng	量	11
周到	zhōudào	形	2
周末	zhōumò	名	5
主意	zhúyi	名	5
注意	zhùyì	动	8
转	zhuàn	动	3
着	zháo	动	4
自然	zìrán	名/形	7
组织	zǔzhī	动	7
最好	zuìhǎo	副	11
做	zuò	动	1
做客	zuò kè		5

专 名

爱珍	Àizhēn	1
大同	Dàtóng	7
法国	Fǎguó	1
飞龙	Fēilóng	1
韩国	Hánguó	1
黄勇	Huáng Yǒng	5
季红	Jì Hóng	5

老董	Lǎo Dǒng	10
老王	Lǎo Wáng	10
李钟文	Lǐ Zhōngwén	1
林福民	Lín Fúmín	1
刘艳	Liú Yàn	2
龙门石窟	Lóngmén Shíkū	7
洛阳	Luòyáng	7
美国	Měiguó	1
内蒙古	Nèiměnggǔ	7
妻管严	Qīguǎnyán	10
日本	Rìběn	1
上海	Shànghǎi	12
少林寺	Shàolín Sì	7
天坛	Tiāntán	5
望月智子	Wàngyuè Zhìzǐ	1
香山	Xiāng Shān	5
小明	Xiǎo Míng	10
肖强	Xiāo Qiáng	12
颐和园	Yíhé Yuán	5
意大利	Yìdàlì	12
印度尼西亚	Yìndùníxīyà	1
云冈石窟	Yúngāng Shíkū	7
张英	Zhāng Yīng	5